U0347283

约翰·科特
领导力与变革管理经典

总经理

THE GENERAL MANAGERS

[美] 约翰·科特 著
（John P. Kotter）

耿帅 译

机械工业出版社
CHINA MACHINE PRESS

图书在版编目（CIP）数据

总经理 /（美）约翰·科特（John P. Kotter）著；耿帅译 . —北京：机械工业出版社，2024.2

（约翰·科特领导力与变革管理经典）

书名原文：The General Managers

ISBN 978-7-111-74889-2

Ⅰ.①总… Ⅱ.①约… ②耿… Ⅲ.①企业领导学 Ⅳ.① F272.91

中国国家版本馆 CIP 数据核字（2024）第 015411 号

机械工业出版社（北京市百万庄大街22号　邮政编码100037）

策划编辑：李文静　　责任编辑：李文静　　林晨星
责任校对：张亚楠　　责任印制：刘　媛
涿州市京南印刷厂印刷
2024 年 3 月第 1 版第 1 次印刷
147mm×210mm · 9.625印张 · 3插页 · 162千字
标准书号：ISBN 978-7-111-74889-2
定价：79.00元

电话服务　　　　　　网络服务
客服电话：010-88361066　机　工　官　网：www.cmpbook.com
　　　　　010-88379833　机　工　官　博：weibo.com/cmp1952
　　　　　010-68326294　金　书　网：www.golden-book.com
封底无防伪标均为盗版　机工教育服务网：www.cmpedu.com

FOREWORD ▶ **序言**

　　本书是描述有关复杂组织环境中领导事宜系列著作中的第一部。我的第二部相关著作是《权力与影响力》（*Power and Influence*）。第三部现正在写作之中。

　　四年前，我完成了本书的写作。回想本书的研究发现，有三点浮现在我的脑海中。

　　1. **无论是在处理信息、做出决策方面，还是在培养员工、贯彻执行方面，总经理工作都表现出高度的复杂性。**与许多将管理工作假定为具有一定程度的确定性和独立性的相关论述不同，本书通过研究发现，管理者们要经常面对信息的不确定性，而且必须依赖他人的帮助来完成几乎所有的事情。

2. **总经理是专才而非通才**。成功的总经理处理信息不确定性和工作依赖性的关键方法就是"专精化"。他们将精力集中在公司或者产业（或者两者）上进而降低不确定性，并具备在他们所选择的领域内获得掌控各种依赖关系的均等势力。

3. **全面职业发展的重要性**。通过长时期的实践和大量不同经验的积累，成功的总经理建立并获得了能帮助其更加卓有成效地开展工作的各种信息、关系和技能。总经理不是"天生"的，也不是通过任何单一事件"制造"出来的，成功的总经理的成长过程是非常复杂的。

对于那些刚刚开始管理职业生涯的人来说，以上这些结论极具启示作用。本书虽然无法给读者提供简单的答案，但我希望它能够帮助人们揭开关于总经理工作及商业成功的神秘面纱。

在过去的 6 年里，有很多人对本书所基于的研究项目给予了无私的帮助。在这些人中，首先要感谢的是参与这次研究的各位总经理、哈佛商学院研究部的管理部门（Richard Rosenbloom，Ray Corey，Joanne Segal）以及哈佛商学院组织行为领域的领导层（Jay Lorsch 和

Paul Lawrence)。

还有一些人在读了本书的草稿后提出了极有帮助的意见，他们是：Joe Bower, Richard Boyatzis, Alfred Chandler, Jim Clawson, Alan Frohman, Jack Gabarro, Richard Hamermesh, Paul Lawrence, Jay Lorsch, Morgan McCall, Mike McCaskey, Bob Miles, Andrew Pettigrew, Vijay Sathe, Len Schlesinger, Carol Schreiber, Jeff Sonnenfeld, John Stengrevics, 以及 Rosemary Stewart。他们的意见使本书增色不少。

约翰·科特

1985 年 12 月

目录 ▶ CONTENTS

第 1 章

引 言

THE GENERAL MANAGERS

在人类历史长河的大部分时期里，人们都是依靠自己、农民、手工艺者、商人和地主来取得他们生活所需的物品、服务以及工作的，然而现在这种情况已经一去不复返了。如今，生活在发达国家的人们主要依靠管理者实现其各种需求。

实际上，我们生存和娱乐所需的所有物品与服务都是由管理者控制的各种组织生产制造出来的。现如今的情况已经与150年前大相径庭。今天，几乎所有参加工作的成年人，除去睡眠后有一半时间都是在管理者的支配下度过的。而在150年前，仅有不到10%的人是这样的。一个世纪以前，许多（如果算不上绝大多数的话）人都可以毫无顾忌地讲，世界上的商业管理者们并没有以显著的方式真正影响到自己的生活，而如今再也没有人能够那样说了。在荣获普利策奖的《看得见的手》（*The Visible Hand*）一书中，艾尔弗雷德·钱德勒在论述现代管理时写道："历史上几乎没有任何一种体制能够像管理一样在如此短的时间内变得如此重要。"[1]

然而，尽管现代管理者对我们的当前及未来非常重要，但由于他们是近期才发展起来的，我们对其知之甚少——他们是谁？他们做些什么？为什么有些人会比另一些人更加富有成效、更成功？[2]同时，我们所真正了解的，或者说我们认为我们所真正了解的，极少来自对于现实生活中真正的管理者较有深度的系统性研究。[3] 这种情况对于高层管理者更是如此，这些人承担着运营一家企业的大部分责任。令人难以置信的是，截至目前，关于商业高层管理者真正有深度的研究仅有两项，一项来自 20 世纪 40 年代后期苏·卡尔森的研究工作，[4] 另一项来自 20 世纪 60 年代亨利·明茨伯格的研究工作。[5] 并且，明茨伯格在最近谈及其开创性著作《管理工作的本质》（*The Nature of Managerial Work*）时，表明该书"也许仅仅揭露了冰山的 1%"。[6]

本书试图揭露那座冰山的另外一角。为达成此目的，本书将通过对一群掌握全面技能或掌管综合管理工作的总经理的研究工作进行描述和分析——这些总经理都处在对某一块或几块业务负有多项职责的职位上。[7] 从 1976~1981 年历经 5 年，本项调查研究工作采用了多种方法对 15 位总经理进行了深度研究，这 15 位总经理来自遍布美国的 9 个不同公司组织。对于许多衡量标准而言，本研究的样本在范围上较为有限，尽管如此，这已经是有关此类研究的最大规模采样。[8]（对特定样本对象和研究过程本身的描述参见附录 A。）

本研究的参与者

被挑选进入本项调查研究的参与者是处于情况各异

的公司和业务环境内的总经理（见图1-1）。他们的个人
简历可参见附录D，呈现附录D的目的是帮助读者在这
些总经理的名字反复出现于本书中时对每个人有清楚的
印象和了解。

---

15 位总经理

——所有人都对某些利润中心负责
——所有人都有多项职责
——来自 9 家不同的公司
——分散居住在美国各地区
——1978 年平均薪金（工资 + 奖金）：$150 000
——平均年龄：47 岁

这些总经理所负责的业务

所属产业	参与者人数	年收入（1979 年）	参与者人数
制造类		大于等于 $10 亿	2
消费产品	1	$1 亿～$10 亿	3
高新技术	2	$0.5 亿～$1 亿	3
其他	3	$0.1 亿～$0.5 亿	4
非制造类		$0.01 亿～$0.1 亿	3
银行业	2		15
通信业	3		
专业服务	2		
零售业	2		
	15		

这些总经理所在的公司

业务组合	公司数量	规模（1979 年收入）	公司数量
单一业务	2	$50 亿或更多	2
主导业务	4	$10 亿～$50 亿	3
相关多元化	2	$1 亿～$10 亿	2
非相关多元化	1	$1 亿或更少	2
	9		9

图1-1　参与者及其所负责的业务与所在的公司概况

由于研究每一个人所需花费的时间与精力巨大——

基本上一年中的每一个月都用于此，本调查研究仅限于 15 个人。[9]对于特定参与者（和公司）的选择基于以下 3 个标准：①每个人都必须是总经理；②必须有证据表明他们胜任总经理的工作；③群体整体必须能够反映各自所代表的多样化的公司背景。

参与者的年龄从 36 岁至 62 岁不等，平均年龄为 47 岁。其中 7 人拥有学士学位，其余 8 人拥有硕士学位。尽管其中一人生于欧洲，但他们都是美国公民。这些人有着各自不同的宗教信仰，基本涵盖了美国的主要教派，但他们当中没有女性和黑人（在本研究开展期间，美国国内的女性和黑人总经理不到总体的 1%）。所有接受调查的总经理遍布美国各地：5 位来自新英格兰、2 位来自纽约、4 位来自中西部、1 位来自南部、3 位来自加利福尼亚。他们所有人都已结婚或已订婚，且都有孩子。

虽然所有 15 名总经理都担负着巨大的责任——1978 年他们的年平均收入（工资加奖金）约为 15 万美元，但他们各自管辖领域的范畴却存在较大差别。一些人直接或间接管辖雇员 1 万人以上，另外一些则仅仅管辖几百人；一些人处置超过 10 亿美元的资金，而另一些仅掌控着几百万美元的预算金额。虽然他们最为典型的工作头衔是"分公司总经理"，但这 15 人的头衔仍存在较大差异。仅有一位是名副其实的整个公司的首脑，其他多数都是"部门或分公司级总经理"。

这些人所效力的公司的历史从短（20世纪50年代创建）到长（250年历史）不等，规模从大（年收入100亿美元）到小（年收入1000万美元）不等。所有这些公司都是较为成功的企业，没有一家处于破产倒闭的边缘，但是其中有些公司会比另外一些更具有盈利能力且成长更快。

这些公司所处的行业包括审计和咨询、商业金融、小型快速消费用品、复印机、百货公司零售、投资管理、杂志出版、报刊出版、打印机和绘图机、水泵、小额银行存贷、橡胶和化学品、专业零售、电视机以及轮胎和橡胶等。以上这些行业在某种程度上代表了美国经济的各个主要方面。

由于这些人及其工作职责的范围宽广，很难说这15人具有典型"代表性"。然而，对他们的简短描述有助于读者对这些参与者有大体上的了解。（对于这些人和他们工作的详细描述将在第2章和第3章逐步展开；他们的个人简历参见附录D。）

几个例子

查克·盖恩斯（Chuck Gaines）[10] 是一家地处美国中西部的大型制造企业负责三大分公司之一的公司总经理。

他负责数以十亿美元计的收入运营,年薪在 15 万美元以上。尽管他不直接管辖所有的业务部门,但他负责对这些部门的所有协调工作。他的头衔是"执行副总裁兼事业部经理"。

查克出生于美国东部的一个大城市,是三兄弟当中最小的一个。他在国外长大,但高中和大学就读于美国东部。他在海岸警卫队服役后就直接受雇于当前这家公司,并在工作后不久就结婚成家。他的工作性质使他到过国外 3 个不同的国家,也去过美国国内许多地区。1979 年,他和妻子及 18 岁的儿子(一个女儿在上大学)住在距离公司总部不远的地方。

作为 50 岁的人来讲,查克算得上是一个体形健硕的男人。他给人一种坚定、强势、雄心勃勃、工作努力和沉着冷静的印象。他比我所知道的多数总经理表现得更加强势和更加倾向于使用权力。

约翰·汤普森(John Thompson)是美国东部一家大型银行的商业金融部主管。他的头衔是"高级副行长",管辖大约 500 名员工。汤普森在银行总部办公,除了依靠自己的下属以外,他的工作还需要经常依赖公司其他同事的配合来完成。约翰 1979 年的年收入比 10 万美元略低一点。

1930 年,汤普森出生于一个卫理公会教派家庭,并与其哥哥一起在美国东部的一个小城镇长大。在结束大学和军旅生活后，他在一家大型生产制造企业工作了 10 年，而后便受雇于现在的银行。1979 年，结婚 17 年的他与妻子及 2 个孩子（一个 15 岁，一个 12 岁）一起生活在距离工作地点约 40 公里的城郊家中。

汤普森是一个聪慧机敏、富有活力且条理清楚的管理者，同时他还极为幽默。他没有表现出像盖恩斯一样的雄心勃勃或强势风范，但同其他人一样，他显然享受工作给他带来的乐趣，并且时刻为其雇主利益着想。

迈克尔·理查森（Michael Richardson）是投资管理公司的董事长兼首席执行官（以下简称 CEO）。该公司拥有大约 200 名员工，这些员工大多数都拥有研究生学历。迈克尔 1979 年的年收入超过 15 万美元。

理查森 1934 年出生于一个天主教家庭，在 6 个兄弟姐妹中排行第 4。他就读于常春藤盟校，并在获得了工商管理硕士（MBA）学位后进入投资管理领域就职。1961 年，他和另外 4 个人组建了现在的这家公司。在历经 15 年的时间并先后担任投资组合经理和市场营销副董事长等职务后，理查森成为这家企业的董事长兼CEO。1979 年，他和妻子及 2 个孩子住在距离公司不远的城市里。

通过交往，我发现理查森是一个精明、敏锐、老到

的人。与盖恩斯一样，他经常长时间工作，同时也极有
抱负；另外，他极富幽默感且极有条理性，这一点又和
汤普森极为相似。

发现与启示

本书结构

通过对这些总经理的相关信息数据进行比较分析而
获得的发现，将在以下各章节逐一展开论述。大体上，
这些章节按顺序分别回答了以下问题。

- 第2章：综合管理工作究竟是什么？在不同的环
  境下这些工作之间存在多大的差别？为什么？

- 第3章：什么类型的人会成为总经理？他们之间
  存在怎样的异同点？为什么？

- 第4章：总经理在哪些方面表现出相似性？在他
  们处理工作及他们每天所做之事等方面存在什么
  共同的模式或特点？

- 第5章：不同的总经理在哪些方面会表现得不一
  致？是什么导致了这样的不一致？

- 第6章：本研究的主要结论，对于公司人才甄选、

培养和安排人员等实务操作，对于管理总经理，
对于正规管理学教育的功用以及对于管理学理论
和研究等方面都有何重要启示？

在本研究中，由于一些总经理的工作业绩高于另外
一些（附录 E 详细描述了业绩的评定方法），所以贯穿本
书我们也将涉及诸如这样的一些问题：为什么一些总经
理表现得比其他人出色？与工作性质及业务背景差异性
相关的业绩水平差异到底有多大？与个性特征差异性相
关的业绩水平差异到底有多大？与行为相关的呢？

同时，你将发现有 6 个主题反复出现在全书中。这
些主题涉及规模和范围、多样性和差异性、专业化和匹
配性、历史和发展、"专业主义"的必然缺失及可以理解
的复杂性。在许多方面，这些主题都反映了本研究的重
要发现。

关键主题

当你看到本研究中通过数量惊人的大量事件收集到
的各种信息后，你一定会感到震惊。以绝大多数标准来
衡量，与总经理工作相关的各种要求（将在第 2 章中进
行详细讨论）通常都是苛刻的。即便是总经理工作中
"最小的部分"也向在位者提出极大的智力和人际关系处

理方面的挑战。相应地，总经理带入工作当中以帮助他们应对这些要求的个人资源（将在第3章详细讨论）的数量也是相当巨大的。并没有证据表明，仅仅依靠（或主要依靠）一股干劲，或人际关系技能，或业务知识，就能够确保总经理的成功。相反，富有感召力、人际关系好、个人气质强、能够得到认可以及其他因素则似乎更加重要。相似地，同样也没有证据表明总经理所做的任何单一事件本身具有绝对的重要性。相反，所有总经理都以他们各自的工作方法以及帮助他们调动庞大个人资源的日常行为方式（将在第4章详细讨论）来完成许多事情，这些事情共同应对各种重要的工作要求。

当你看到本研究所涉及信息的巨大多样性和差异性时，你也同样会感到震惊。尽管本研究涉及的15个人都担当的是美国商业公司的总经理工作，但他们个人及环境之间的差异在许多方面超过了他们的相同之处。与他们工作相关的主要工作要求、总经理们的个人特性、他们完成工作的方式方法以及他们每天所做的事情等，有时是极为不同的。同样，两个表面上看起来非常相似的总经理情景，实际上会存在极大的差别。同时，两个都很成功的总经理在他们的个人特性和行为处事方面也可能极为不同。我们将在第5章详细剖析各方面都很不相同的两个总经理的事例。

第 3 个显现在数据中并且贯穿整个研究的主题与专业化和"匹配性"相关。总经理倾向于将自己视为"通才",许多人认为他们有能力将几乎所有事情都管理得井井有条。然而现实中,他们基本上都是高度专业于不同领域的。他们具有专门的兴趣、技能、知识和关系集合。这些专业化的个人资源使得他们能够以与各自特定环境相匹配的方式行事。尽管会面临非常苛刻的工作要求,但专业化和匹配性往往处在帮助总经理出色完成任务的中心地位。

贯穿于本书的第 4 个主题与历史和发展有关。要理解与总经理工作相关的大量且多样化的工作要求,就需要以长期的眼光来考察总经理的个人特性及他们的行为方式。与这些总经理工作相关的各种要求,本质上就是一些历史基本趋势的直接函数,这些趋势一般要回溯50～100 年之久。帮助这些总经理获得良好工作业绩的许多个人特性,都是通过这些人生活成长逐渐积累发展形成的:从他们的孩童时期,到通过他们所接受的正规教育以及早期职业生涯等。同样,特定总经理的基本行事风格根深蒂固,即便是随着时间的消逝也不会有太大的改变。

第 5 个主题所涉及的"职业经理"这一流行概念在与本书中这些成功总经理的匹配方面是多么匮乏无力。

正如一位作者最近提出的那样，[11] 如果"职业化管理"意味着一种几乎能够出色管理任何事情的能力，而这种能力仅仅是依靠通用的原则和技能而并非特定业务的详细知识和与特定人群的紧密关系的话，那么本研究所提及的这些高效的总经理没有一个能够称得上是"职业经理"的。更进一步讲，如果职业化总经理的工作方法就是以一种极为有条理的、先发主动且考虑周全的方式制定正式的公司战略和组织结构的话，那么本研究中这些经理的行事风格没有一个能算得上是非常职业化的。然而事实上，这样的"非职业化"行为才是真正奏效的。如果你对当今总经理工作的复杂性质有一个切实的认知的话，那么"非职业化"行为奏效的原因就显而易见了。

　　第 6 个也是最后一个主题涉及的内容可称为"可以理解的复杂性"。复杂性在这里无疑是一个无法回避的问题。大量事实资料所揭示的复杂性，通常使管理学教科书中的许多概念也显得似乎微不足道。同时，这些事实资料还揭示了某种程度的复杂性，这种复杂性就连总经理自己也很难有意识地理解清楚。实际上，正如我们将看到的那样，这些非常成功的总经理在解释他们做过些什么、为什么要这么做以及为什么这样做就会奏效等一系列问题时，通常都存在着极大的困难。[12] 然而，尽管这种复杂性客观存在，但同时也存在揭示此复杂性的许多可以识别的有趣规律。也就是说，尽管在总经理层面的管理更倾向于艺术而非科学，但还是存在许多可以识别的规律。这些规律能被加以归纳和总结，以便人们能够系统地研究这一重要现象。

在着手搞清楚这些工作、这些人，以及他们所做的事情与这样做奏效或不奏效的原因等一系列问题时，我们需要系统地循序渐进。我们的第一步将探究总经理工作本身的方方面面。[13]

第 2 章

综合管理工作
关键挑战与困境

THE GENERAL MANAGERS

　　众所周知，随着组织在规模上更加大型化，在类型上更加多样化，在地理上更加分散化，以及在技术上更加复杂化等变化趋势的日益明显，20世纪以来典型经理人的世界发生了巨大变化。但我想知道的是，我们是否真正乐于从更加具体的角度来理解今天仍在继续的这些趋势是如何影响管理工作本质的。

　　聚焦综合管理工作，无论从智力上还是从人际关系上，以上提及的这些趋势似乎都使绝大多数的综合管理工作变得非常的费神、困难和复杂。如今，这些综合管理工作将人置于这样一种职位上，该职位要求此人对他无法直接掌控也不能全面了解的复杂系统负责。综合管理工作要求此人在一个"行动－结果"关联性并不明晰的环境中能够识别出问题并给出解决方案，要求他能够正视并应对将占据其大量时间和精力的成千上万的各类争端和问题，要求他在压力迫使其忽视长期计划时，仍能够对长短期事宜进行权衡与兼顾，要求他既能激发出众多下属的良好业绩水平，也能处置好他们低下的业绩表现，要求他能够带领各种类型的人一同和谐、有效地工作，还要求他有能力使得那些不在自己管理权限范围内且工作繁忙的人能够经常围绕在其身边给予协助。

　　这些相同的趋势同时也促成了更多类型的总经理工作，并使得与完成这些工作相关联的关键要求在不同的工作情境下极少相似。结果，就所涉及的关键任务以及进而引发的对总经理的要求来讲，现今的两类综合管理工作可以是极为不同的。因此，即使是那些表面上看起来非常相似的总经理工作，也会给现任的经理们带来一系列大量且极为不同的挑战和困境。

　　本章我们将仔细分析所有开展这些综合管理工作所需的本质特性。更进一步，我们将探究这些工作要求如何以及为什么在不同的环境下各不相同。

工作、情境及引致的需求

　　与当代组织中的多数"工作"一样，在本研究中总经理工作将以一系列职责和关系的形式正式或非正式地得到界定。具体来说，与这些工作相联系的各种职责和关系有：

A. 职责
- 长期——负责为组织制定某些或全部基本目标、方向和优先原则，包括决定应该进入什么行业或开展什么业务以及如何获取关键资源。
- 中期——负责决定如何为某业务或某些业务有效地配置资源以达成长期目标。

- 短期——负责高效地使用某业务或某些业务所拥有的人力、物力及财力资源，包括承担一些创造利润的责任。

B. 关系

- 向上——向总经理的上级（或董事会）汇报。

- 平行——偶尔（但不经常）需要组织内部其他团队的支持（例如公司同事），或必须与不隶属于本职位管辖但与本业务相关联的各种团队进行协调。

- 向下——对通常是极为多样化且数量众多的下属（不仅仅是某一职能领域的专业人员）进行管理。[1]

正如以上对总经理工作的界定中所使用的诸如"某些""通常"及"偶尔"等词语一样，对这些工作的界定是多样的，对于这种多样性我们将在本章后面加以探讨。但尽管如此，以上对于职责和关系的表述基本上描述出了本研究所涉及的所有总经理的工作内容。

这些总经理工作被置于更加宽广的业务和组织环境内，由于受到诸如业务的不确定性和涉及人员数量众多等因素的影响，该业务和组织环境总是极为复杂的，使得每项工作的责任和关系都被放大，并形成重要且困难的要求、挑战及困境集合。

工作要求Ⅰ：与责任相关的挑战和困境

关键问题或挑战：尽管存在极大不确定性，但还是要设定基本目标、政策和战略。作为本研究中一个典型的总经理工作，长期任务充满了极大的不确定性。与该类具有极大不确定性的战略决策相关的因素数量是非常惊人的，而有关这些因素是怎样相互作用的知识却极为有限，同时，对这些因素未来变化进行预测的工具又通常都是不成熟的。然而，尽管如此，总经理的工作却通常是全权负责为组织制定长期决策。

例如，当我第一次见到丹·唐纳休（Dan Donahue）时，他就已经在重新审视和调整其所在组织的基本发展方向了。之所以要对其重新审视，是因为他所在的公司（他刚加入其中）那时正在亏损。有两个主要原因可以说明重新审视组织基本发展方向是一项多么艰巨的任务。第一，唐纳休缺少有关该公司及所处产业的过去和当前事态的准确信息，他无法清晰地识别出该公司胜过竞争对手的独特能力和竞争优势（如果有的话）。该公司内不同的人都有各自不同的观点，但没有一种观点能够用可获得的信息客观地加以论证。第二，对未来所存在的机会与风险的预测被许多未知数所困扰，甚至最专业、最复杂的信息收集、分析和预测也仅能对诸如以下的问题做出模糊的猜测：

- 未来 10 年里, 他们最常应用的两三项关键技术是否会实现任何突破? 如果是, 这些技术上的突破将给产品设计和制造费用带来怎样的影响?

- 未来 10 年里, 是否会有重要的新竞争者进入他们目前所处的产业? 如果有, 这些潜在进入者会是谁 (来自国外或国内)? 他们将试图定位在哪里?

- 谁会当选为 1980 届和 1984 届的美国总统? 这将对他们所在产业的政府管制产生什么影响?

- 未来 10 年里, 在母公司层面将可能发生什么? 这些变化将使母公司对其子公司的资源配置倾向发生怎样的影响?

尽管唐纳休面对的长期决策极为复杂且不确定性很大, 但他的处境在本研究中一点也算不上特殊。实际上, 本研究中至少有一半以上的人必须应对看起来与唐纳休所面对的一样甚至是更加复杂且不确定的长期任务。此外, 我所了解的所有证据都表明, 总体上来讲, 当今企业里此类总经理工作大都如此。[2]

关键问题或挑战: 在各种不同类型的职能部门和业务部门需求之间实现对稀缺资源配置的精准平衡。避免短期导向支配长期利益, 或使市场问题抑制生产需求等。由于成长、远大目标以及业绩问题等诸如此类因素的影响，资源在本研究的环境中总是稀缺的。实际上，15 位总经理中没有一位会将资金用于没有真正需求的地方。资源的稀缺性使得资源配置成为一项特别重要的工作。此外，企业的运营涉及不同的产品、市场、职能以及技术等多个方面，因此，典型的情况是一系列不同的活动同时需要资源的支持。资源需求的多样性使得资源配置成为一项非常复杂的工作。总体来讲，资源的稀缺性和需求的多样性使得资源配置工作成为一项最需要综合平衡的活动。在这样的环境下，极易出现短期导向支配长期利益，或者一条产品线饿死另外一条，再或者一个职能领域抑制另外一个职能的发展等情况。

当我遇到约翰·汤普森时，正值美国的经济走向低迷时期。由于销售在下滑，为了维持最低限度的盈利水平，约翰·汤普森不得不按照之前的计划削减资源预算。对于此事的看法，他是这样对我说的：

> 有时，在这样的情况下判断应该削减多少资源以及在哪里进行削减是非常困难的。如果我削减过多，我们当年可能会表现得比较好，但这将伤及公司未来的发展；如果削减不够，我们当年就会受到极大伤害。如果我在生产上削减过度，我们将以无法掌控我们的业务而告终；如果我在

销售上削减过度，我们将以过多富余的生产能力而告终。这真是一项困难的平衡行动。

弗兰克·菲罗诺（Frank Firono）讲述了基本相同的问题：

> 在我们公司，快速推进短期销售并获取短期利润是非常容易的。同时，使某一家商店达到出色的业绩水平也相对容易。困难的是在获得令人满意的短期盈利水平的同时，保持或提升该项业务的整体质量（一项关键的长期目标），并实现绝大多数或所有商店都拥有较好的业绩水平。

在某种程度上，本文提及的所有总经理都面临着这样的问题。其他地方的证据也再次表明，总经理工作普遍都是如此。[3]

关键问题或挑战：掌控各类不同活动的进程，能够及时识别出失控的问题（俗称"起火"）并迅速加以解决。因为责任最终会落到总经理头上，所以任何与公司业务有关的问题最终都将成为总经理的问题，任何未能被富有成效地完成的工作最终都将会给总经理带来严重的问题。但是，由于总经理工作的职责范围宽广，准确地定位出"起火"环节是非常困难的；并且由于这些活动的多样性和复杂性，导致制定如何将"火"扑灭的方案也是非常具有挑战性的。

本研究所涉及的总经理，其中有些要负责遍及全球范围的运营，有些要负责制造和销售成百上千的不同种类产品，另外有些则要负责涉及许多不同技术的生产运营活动。在一个典型的总经理案例中，地处不同区域的成千上万的人都以某种方式加入其日常运营中来。在这种情况下，只是试图去监控每日或每周的运营活动都会十分困难。当前能够使用的最为先进的信息系统技术也无法对所有这些活动进行及时且准确的监控，就算此信息系统技术能够做到这一点，总经理能够做的也就只能是每天花费 24 小时去消化那些收集来的信息了。此外，在这些情况下，相对次要的短期性问题将会大量涌现。当斯帕克思曼（B. J. Sparksman）告诉我"有时，总经理的工作就是处理没完没了出现的小问题"时，他的观点基本代表了本研究所涉及的许多总经理的共同感受。

而且，与绝大多数总经理工作相关的运营管理活动具有极大的复杂性，这种复杂性使得当发现一个问题后确定如何去解决它是非常困难的。在与总经理的访谈期间，我看到了许多类似的情况。有一个例子最具代表性，这个事例中的公司正面临着准时发货上的困难。摆在总经理理查德·帕玻利斯（Richard Papolis）面前的有两个问题：第一，这个问题有多严重（如果需要的话，他应该给予该问题多少关注）？第二，该问题为何会发生（更深层次的问题是什么）？帕玻利斯的下属们对这些问题有着各不相同的看法。一些人认为此问题是由制造线两名员工的低绩效水平引致的，因此解决此问题非常容易；另外一些人则认为问题的产生原因是非常复杂、系统和严重的，他们指出公司的整个生产制造系统无法与公司的增长保持一致是问题出现的主要原因；还有一些人认为这些问题主要是由市场部门无法准确预测订单所导致的。对于这些问题的一些初步讨论给帕玻利斯带来了大量信息（事实和观点都有），就是没有问题的清晰答案。这就是总经理所遭遇的通常境况。

再次提醒注意的是，从某种程度上讲，此类问题仅仅是本研究所要讨论的总经理工作的一部分。从其他地方获得的信息同样表明，这种境遇几乎是多数或所有总经理都会经历的。[4]

工作要求Ⅱ：与关系相关的挑战和困境

除了带来职责，总经理的工作还将任职者置于一个关系网络当中。该关系网络既对以上提及的职责产生影响，同时受这些职责的影响。每一类主要的关系通常都会制造出属于自己的一系列挑战和困难。

关键问题或挑战：从上级那里获得开展工作所需的信息、协作和支持，费些精力与上级交往而不是让上级感到不配合自己工作。与其他经理人一样，没有来自上级的支持与配合，总经理无法有效开展他们的工作。总经理的上级能够向其提供关键的资源、信息和奖励。正因为如此，加之这些上级是人（而非"完美"上级），同时也出于其他一些因素的影响，总经理的另外一项重要工作挑战或问题就是处理与上级或一群上级的关系。

杰拉尔德·艾伦（Gerald Allen）和丹·唐纳休两人都位于公司 CEO 下面好几个行政层级的职位上，他们的直接上级在公司内都处于相对弱势且不受尊重的地位。在这两个例子中，无论是向高级管理层汇报还是获得他们的支持都是非常困难的。如果不付出额外的努力，来自公司顶层的信息有时无法及时或清晰地传达至杰拉尔德·艾伦和丹·唐纳休这里，同时他们的想法或需求也无法得到高级管理层的关注。另外，由于他们的上级几乎不能给予他们什么支持，仅仅应付这样的上级做一些基础性日常工作通常是十分乏味的，并且这导致用于更加重要事宜上的时间和精力受到严重减损。

特里·富兰克林（Terry Frankin）和鲍勃·安德森（Bob Anderson）的办公地点距离他们的上级有 1600 公里之遥，他们负责的业务占其上级责任指标的比例不到

10%。富兰克林一年中仅仅能够见到其上级两三面。虽然这使得富兰克林和安德森获得了极大的日常自治权，但同时也使得他们很难得到上级的关注、理解或帮助。

保罗·杰克逊（Paul Jackson）的直接上级是一个非常强势的 CEO，此人曾经是他的同事和竞争对手。由于他们的管理风格不同，杰克逊发现与他的上级相处十分困难。公司的其他职员说他的上级不止一次在公开场合说杰克逊的不是。因此杰克逊告诉我，从某种角度上来说，就是因为他的上级，他的工作"已经完全不再有任何乐趣可言了"。

本研究中的其他总经理还面临着其他一些问题，这些问题使得他们在与上级关系的维系上变得困难或感到沮丧，或两者兼有。即使某些情况下与上级的关系维系并不能构成一个"问题"，但总经理们在"管理上级"的工作时同样需要非常重视和认真。他们所有人都坦言，在某种程度上，自己当前的工作业绩和未来的职位晋升全靠与上级关系的维系了。这种现象不仅会出现在其他总经理的工作中，同时会出现在绝大多数的管理工作中。[5]

关键问题或挑战：获取公司同事、其他相关部门或分支机构以及重要的外部团体（如大型社团、客户或供应商）的协作，尽管并不拥有对这些人的正式管理权限；尽管会遭遇阻力、繁文缛节等诸如此类的困难，但仍旧需要设法通过这些人将工作出色完成。本研究提及的大多数总经理工作都必须与公司内各类同事群体打交道；有些总经理则要去协调与他们所管控业务有联系的其他职能部门的员工，尽管这些员工在管理权限上并不直接对他们负责；另外，有些总经理还不得不去与那些规模庞大且对业务有重要影响的各类社团或其他外部团体进行周旋与应对。诸如以上列举的这些横向关系在本质上存在着某种程度的对立，这种对立经常会给总经理制造难题，而有时这些难题的涉及面是非常宽广的。

当我问及保罗·杰克逊在过去几年里他不得不做的最为困难的决策是什么的时候，他毫不犹豫地回答我说："做决策是容易的，但要使这些决策付诸实施有时简直是不可能的。我不得不依靠如此多的人开展工作，而这些人又都不归属我直接管辖，这有时使我的工作极难开展。"对此问题，约翰·汤普森说：

> 我认为，如果我们自行独立地去完成我们的工作，这将会使工作变得更加容易和富有乐趣。而事实却恰恰相反，现实工作中往往有非常之多的人要参与进来，这些人涉及公司同事、其他部门、来自华盛顿的官员以及各类团体，等等。

在我拜访杰克·马丁（Jack Martin）期间，他得知公司另外两个不受他直接管辖的人的所作所为将在盈亏底线上花费他将近35万美元。而在此之前，既没有人与他商议此事，也没有人告诉他。他只是在事情发生后得到通知，仅此而已。杰克·马丁显然对此事极为愤怒。我曾看到杰拉尔德·艾伦在一个人事经理（该经理并不归杰拉尔德·艾伦直接管理）的办公室坐了大概30分钟，其间那个经理对杰拉尔德·艾伦表现出明显的粗鲁无礼。但艾伦一直平静地坐在那里，直到他得到了那个经理对其所求之事的应允承诺。在其他事例里，我看到总经理时常要与公司内的广告推广部门（该部门通常耗费很大成本却不能提供什么实质性服务）艰难周旋，或设法应付提出无理要求的重要客户，或身陷于其他类似的境地。

在别处获得的证据也表明，由横向关系所引致的这些问题在当前的综合管理工作中非常普遍，在分权的企业里更是如此。[6]一些证据甚至表明，应对这些由横向关系所引致的问题，已经成为当前多数管理工作中相当大的一部分。[7]

关键问题或挑战：激励和掌控数量众多且类型不一的下属群体，处理业绩水平欠佳、部门间矛盾冲突等诸如此类之事。本研究所指的综合管理工作赋予总经理任职者权力，来管理通常是数量众多且多种多样却相互依赖的员工群体。这些员工通常持有不同的观点，对组织决策和结果有不同的影响度，并且有时具有非常不同的人格特征。尽管如此，总经理还必须依靠所有这些人，因为他们直接影响着总经理所负责事宜的结果。

本项研究的总经理经常谈及激发良好业绩水平，同时，将近一半的总经理坦言在过去的几年里，他们最难做出的但又必须做出的决策就是替换一个关键的下属。在此类境况的所有事例中，下属都处于绩效欠佳的状态，总经理不得不对以下几类问题进行一系列艰难的判断：此人是否还有改进提升的可能，如果有的话需要多长时间，以及在此过渡期间欠佳的绩效水平会给公司造成多大的成本和风险等。我就曾经目睹迈克尔·理查森在这样的问题上苦苦挣扎。他所遭遇的情况是：隶属于他一个下属的两个关键员工辞职离开了，剩下的其他人对他们直接上级的管理风格及方式方法也感到非常不满。理查森已经尝试了解决此问题的一些方法，但都不奏效，然而，除非绝对必要，否则他不想做出一个无法撤回的决定。他与这个下属已经结识 15 年之久，并将他一步步扶植到现在的职位上。整个事态让其下属、理查森和他周围的人（其中某些人正向他施压，迫使他以完全不同于其固有的做事风格来处理此事）都处于不快当中。

本研究所涉及的总经理也经常谈及发生在下属及他们部门之间的对立和沟通问题。鲍勃·安德森告诉我："公司管理层和业务层是两个完全不同的世界。就像油和水一样，他们永远不可能很好地结合在一起。"理查德·波林（Richard Poullin）也指出类似的问题："如果我们没有时刻努力地避免对立和沟通等问题的话，公司内创造性人员和生产性人员不出 5 分钟就会争吵起来。"

我曾亲眼见证了大量事例，在这些事例当中，总经理将不得不置身于不同部门的下属员工之间产生的问题和矛盾当中。在某些事例中，冲突与矛盾仅仅来自双方的误解。而在另外一些事例中，问题则是激烈、复杂的，且根本不好解决。当我访问约翰·科恩（John Cohen）时，我了解到他的两个年轻且有冲劲的下属总是相互争吵。他们俩都坚信对方是冲突的根源所在。其中一个感觉另外一个为了政治利益而攻击他，而另外一个则认为前者给公司制造了大麻烦且拒绝接受有价值的建议。在与他们两人交谈后，我认为对我来说，在不准备付出巨大努力的情况下想平息他们的争吵并调和他们之间的分歧，根本难以做到。

在本研究所涉及的所有总经理工作中，管理下属是一项从中等难度到艰难的挑战。大量来自其他地方的证据表明，对于总经理工作以及大多数中高级管理工作而言，应付这样的挑战也许已经成为日常工作的一部分。[8]

总体要求：总结

图 2-1 和图 2-2 归纳总结了所有与总经理工作的职责

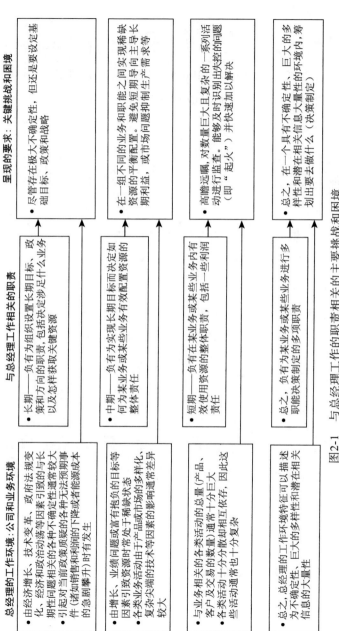

总经理的工作环境：公司和业务环境

- 由经济增长，经济和政治动荡等因素不一致的与长期性问题相关的各种不确定性较大
- 引起对当前政策质疑的各种决策预期事件（诸如销售和利润的下降或者能源成本的急剧攀升）时有发生

- 由增长、业绩问题或者负有抱负的目标导向而引起资源因素引致资源时常处于稀缺状态
- 各类业务活动由于产品市场的多样化、复杂业务端的技术等因素的影响通常通常通常通常通常通常差异较大

- 与业务相关的各类活动的总量（产品、客户及交易的数量）通常十分巨大
- 各类活动十分分散却相互依存，因此这些活动通常也十分复杂

- 总之，总经理的工作环境特征可以描述为不确定性，巨大的多样性和潜在相关性的大量性

与总经理工作相关的职责

- 长期——负有为组织设置长期目标、政策和方向的职责，包括决定涉及什么业务以及怎样获取关键资源

- 中期——负有为实现长期目标而决定如何为某业务或某些业务有效配置资源的整体责任

- 短期——负有在某业务或某些业务内有效使用资源的整体职责，包括一些利润责任

- 总之，负有对某些业务进行多职能决策的多项职责

呈现的要求：关键挑战和困境

- 尽管存在极大不确定性，但还是要设定基础目标、政策和战略

- 在一组不同的业务和职能之间实现稀缺资源的平衡配置。避免短期问题和主导生产需求等期利益，或市场问题向导

- 高瞻远瞩，对数量巨大且复杂的一系列活动进行监查。能够及时识别出关注的问题（即"起火"）并快速加以解决

- 总之，在一个具有不确定性、巨大的多样性和潜在相关性大量信息的环境内，筹划出要去做什么（决策制定）

图2-1 与总经理工作的职责相关的主要挑战和困境

总经理的工作环境：公司和业务环境

- 直接上级通常不是完人。他有时是不胜任的、无礼粗暴的或是不可理喻的
- 上级的处境和总经理的处境常存在着某些差异性（所涉及的处境及物理距离远等），这些差异性使得与上级沟通较为困难

- 有时，由于子公司总体规模和组织结构特点，或者由于大型客户、供应商、社团的横向联系等正式团队的存在，重要的横向联系十分巨大
- 总经理所在的组织和其他团体之间的关系在某种程度上通常是对立的

- 总经理所在组织的规模（雇员的数量）和重要岗位上的人员数量通常十分巨大
- 由于多样性大和变化大，"人事问题"时常发生

- 相应的背景环境包含一群数量巨大且多样化的人员

与总经理工作相关的职责

- 向上——向总经理的上级或上级们（或董事会）汇报

- 平行——有时有必须较为正式地依靠或协调与业务密切相关但未表属于该总经理直接管辖的各类群体（例如公司同事）

- 向下——对通常是极为多样化的下属群体保有某些威严和管理权限

- 工作上依赖于上级、下属及处于命令链之外的其他人，对于开展工作所涉及的大多数人几乎没有任何管理权限

呈现的要求：关键挑战和困境

- 从上级那里获得开展工作所需的信息、协作与支持。要些精力与上级交往而不是让上级感到自己工作不配合

- 获取公司同事、其他相关部门或分支机构以及重要的外部团体（如大型社团、客户或供应商）的协作，尽管会遭遇阻力，繁文缛节等诸如此类的困难，但仍旧需要设法通过这些人把工作出色完成

- 激励并掌控数量众多并且类型不一的下属群体，处理业绩水平不大佳、部门间矛盾冲突等诸如此类之事

- 总之，通过数量众多并且类型不一的群体，将工作出色完成，尽管对于这些人几乎没有什么控制力

图2-2 与总经理工作的关系相关的主要挑战和困境

和涉及的各种关系相关的要求。图中所显示的这些问题和挑战中的任何一个都能够使总经理的工作陷入困境。6 项加总便可以将总经理置于极大压力之中，并且形成异常困难且耗费时间的管理问题。本研究中的许多总经理一星期要工作 60 个小时或更多，某些总经理坦言，如果他们不为自己的工作设限的话，这份总经理工作将能耗费其一周中的 120 个小时。而且，他们通常工作于快节奏、高压力的环境中。最近刚刚开始总经理职业生涯的约翰·汤普森这样表达了他对这个问题的看法：

> 在此之前（在他以前的工作岗位上），每天下午 6：00 结束工作回家，在头脑中暂停对工作的思考是比较容易做到的。而现如今，即便是 6：00 离开公司，我却经常会发现自己在回家的路上或是在家里仍然思考或担心着工作上的事情。

对此，汤姆·朗是这样说的：

> 每天有多少人要来见我，他们又带来多少棘手的问题，这些一直以来都让我感到很吃惊。如果我们不去有意加以控制的话，我敢说我们可以将各种会议议程排满所有白天和黑夜。

当然，在需要耗费时间和涉及压力方面，综合管理工作并不是唯一的。其他专业性工作和管理性工作也同样十分耗费时间并有压力。图 2-1 和图 2-2 中所列的所有要求也并非只能在总经理工作中找得到。在某种程度上，几乎所有的管理工作都或多或少具有类似要求，但是综合管理工作在要求的总体多样性方面显得尤为特别。

除了综合管理工作，再也没有任何其他一项管理性工作或专业性工作能够将一个人置于这样一个位置上了，在这个位置上他不仅必须同时处理各类长期、中期和短期任务，而且必须应对处于各种各样不同类型关系当中的极为多样化的专业人群。所有其他工作在某种程度上都限制了对工作要求的多样性。例如，底层管理工作并不负有长期责任，其他高层管理工作没有这么多样性的专业人员作为下属，职员工作和传统的专业性工作基本没有那么多的下属。综合来看，只有总经理工作包含所有这些与任务和人员相关联的多样性。因此，最终是复杂要求的多样性使得总经理工作成为综合管理工作，使得该工作与众不同且尤为困难。

工作要求的差异性

尽管本研究中的总经理工作具有相同的 6 类基本要求，但是它们之间在这些要求的总体强度方面、6 个问题领域的相对重要性方面及每种要求的特性方面，都存在极大的不同。举例来说，尽管本研究中所有总经理工作都带给任职者决策制定上的问题，但谋划出解决方案在某些环境内显得更加复杂。同样，尽管所有的工作都包含执行方面的问题，但工作的完成在某些环境下显然更耗费精力。

　　总体来讲，至少有两个主要因素促成了与总经理工作相关的各种不同差异类型（见图 2-3）。首先，工作本身的差异性十分重要。存在大量不同类型的总经理工作在当今是十分普遍的现象，每种工作类型在职责和关系方面都存在些许差异。其次，在业务和公司环境上存在的不同也十分重要。例如，管理一项银行业务与管理一项汽车零部件业务所产生的问题极为不同；在一个小型、初建、地处西部的公司内管理一项业务所产生的问题，与在一个大型、成熟、地处东部的公司管理同一项业务也不相同。[9]

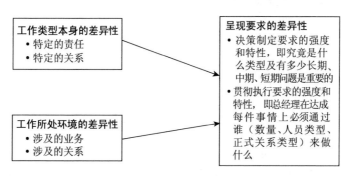

图 2-3　导致总经理工作要求差异性的因素

7种不同类型的总经理

在第一次世界大战之前的美国，所有的实践活动仅存在一种类型的总经理工作，向董事会汇报——CEO，他对一个以功能组织起来的公司全权负责。即便是到了第二次世界大战（以下简称"二战"）时，大约95%或更多的总经理工作仍属于这种单一类型。但在过去的40年里，随着业务规模的不断扩大、业务种类更加多样化及业务性质更加复杂化，大量不同类型的总经理工作涌现出来。这些工作随同越来越复杂的组织结构被"创造"出来，以帮助人们管理他们规模巨大、种类繁多的业务。[10] 当今，至少存在7种不同的，同时也是常见的总经理类型，我分别称为职能组织型公司CEO、多事业部制公司CEO、集团总经理、独立事业部总经理、半独立事业部总经理、产品或市场总经理和运营总经理。这7种类型的总经理简要描述如下。

1. 职能组织型公司CEO：这是"传统"的总经理。CEO向上对公司董事会（或董事会主席）负责，向下管辖各职能部门经理。

2. 多事业部制公司CEO：这种类型和第一种类型最大的区别在于，各事业部总经理以及某些人事职能部门的经理都要向该职位汇报。另外，多事业部制公司 CEO 一般承担较少的短期职责。

3. 集团总经理：这种类型的总经理在需要向一个总经理汇报的同时，接受其下属的多个总经理的汇报。例如，一个典型的分公司经理可能需要向多事业部制公司 CEO 汇报，但同时可能会有六七个分部门经理对其负责。另外，集团总经理会比 CEO 拥有更少的长期职责，并且相对于 CEO 而言，外部关系（例如与银行的关系）并不是十分重要。

4. 独立事业部总经理：这种类型的总经理在许多方面与第一种类型传统式的总经理相类似，只是他不需要向董事长或董事会主席汇报工作，而是向总经理汇报工作。和集团总经理一样，此类总经理与 CEO 相比较，长期职责较少，短期职责较多，公司外部横向联系较少。一般而言，该工作的主要职责就是实现赢利。

5. 半独立事业部总经理：这种类型的总经理与独立事业部总经理有一定的相似性，只是与下级的互动较少，但与公司内具有平行关系的其他部门或人员联系较多，他一般向上级汇报工作。总体来说，他拥有相对较少的职责。例如，一个典型的半独立事业部总经理可能会对集团总经理（项目经理一般负责与某种产品、服务或市场相关的所

有部门）负责，同时，他在某种程度上不得不依
赖于公司层面（或集团层面）的人事、法律、会
计、公关和财务人员。

6.　产品或市场总经理：这种总经理拥有更少类型的
下属和更多的横向联系。例如，很多市场人员必
须向产品或市场总经理汇报工作，但其只需要负
责协调与他们负责业务相关的制造和工程人员。
因此，这种总经理负有极少的长期职责。

7.　运营总经理：这是最后一种总经理类型，他拥有
最少的长期职责以及最多的短期职责。主要是制
造或销售、服务人员对他负责，他也具有一些平
行的关系网络，但与产品或市场总经理不同，他
不需要与平行的业务关系保持密切的联系。一个
典型的运营总经理可能是一个工厂或工厂集团的
管理者，他只需负责取得某一水平的利润，同时，
一些人事、会计和其他人员也会向他汇报工作。

上述 7 种总经理类型中，职能组织型公司 CEO、独
立事业部总经理以及运营总经理是当今最为普遍常见的，
多事业部制公司 CEO 和集团总经理可能是最少见的，大
约只占到 1% 左右。例如，在美国，企业集团总经理可能
还不到 1500 个。[11]毫无疑问，现实生活中还存在很多其

他总经理类型，只是这些总经理类型数量较少且不易被认知（如部门总经理），或者他们与上述 7 种类型的总经理各方面基本一致。

本文提到的总经理中有 2 人是运营总经理（艾伦和朗）；4 人是产品或市场总经理（盖恩斯、马丁、杰克逊和唐纳休）；3 人是半独立事业部总经理（波林、汤普森和斯帕克思曼）；5 人是独立事业部总经理（安德森、科恩、富兰克林、菲罗诺和理查德）；1 人是职能组织型公司 CEO（理查森）。他们 15 人当中没有集团总经理或多事业部制公司 CEO。这两类总经理类型在本研究中的缺失是有意设计的，尽管现在回头看来这可能是个错误。（在本研究处于酝酿设计阶段时，有人曾建议我抽样调查时不要选择作为总经理的那类总经理，因为那些职位可能会"与众不同"。这种建议的隐含假设是，的确还存在两种不同类型的总经理工作。）

有些人认为只有前四种类型的总经理的工作才算是真正的总经理工作（或者也许只有第一、第二和第四种，甚至只有第一和第四种才算得上）。由于做了这样的划分，他们在定义工作时就采用了一种关系导向型的标准。例如，对总经理的工作最为普遍的严格定义认为，所有的总经理，就像传统的总经理一样，在公司内都不应该有任何因果上的横向关系，所有的职能部门都向他们汇报并负责。但我认为，这种定义忽略了总经理工作的核心部分——职责导向。所有上述 7 种总经理的工作类型都具有某些跨职能职责，而这也正是总经理工作的真正本质所在。

本研究所提及的一个大型公司，其组织结构中包含了上述 7 种总经理类型中的 6 种。图 2-4 概括地描述了这 6 种总经理的工作类型在同一环境里是如何存有差异且相互联系的。该公司 CEO 的工作是最独特的，因为他承担了长期责任，而长期责任比短期责任要求更高、更苛刻。运营总经理的工作则与之完全相反，他只需要承担短期责任，在他的工作中，短期职责比长期职责要求更高、更苛刻。产品或市场总经理的工作最为不同，因为他拥有最多的横向关系要求。另外，集团总经理的工作也具有独特性，因为当有独立事业部总经理向他汇报时，他处在一个特别的职位上，该职位上面有上级领导而下属又强调其独立自治权（就横向平衡关系而言），这种处境往往使得集团总经理感到十分不快。

图 2-4 所示的整个模式表明，当在一个超大型公司内沿着行政等级从上至下对各种类型的总经理进行考察时会发现，级别越靠下，总经理工作的长期职责就会越少，而短期职责和横向关系就会越多。鉴于现代组织结构的本质，这并没有什么稀奇的。

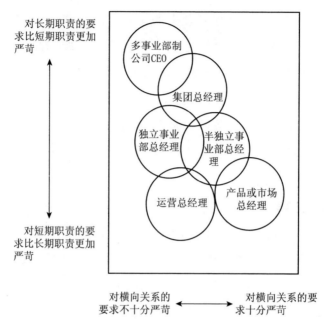

图 2-4　同一公司内 6 种总经理的工作类型在工作要求上的差异

不同的业务和公司环境：规模、企业历史、业绩水平和其他因素的影响

尽管总经理工作类型的不同导致了总经理工作要求的巨大差异，但由所涉及的业务或公司环境的不同导致的总经理工作要求的差异更大。之所以如此，是因为虽然当前的总经理类型大致可划分为 7 类，但大量各种因素上的差异带来了数十种不同的业务和公司环境。这些因素有：业务增长率，技术变革速度，赢利（或损

失）的水平，高层管理者的雄心，产品和市场的多样性，产品数量和年产量，总经理直接上级的品性，公司组织结构的设置方式，业务涉及的员工数量，人员类型，产品和市场成熟度，大客户、供应商、外界机构组织或规制者的数量（如果存在的话），业务和职能相互依赖的程度以及组织文化的性质等。在所有这些因素当中，规模、企业历史和业绩水平这三个因素尤为重要。

本研究涉及的某些公司的规模要比另一些大得多。保罗·杰克逊负责数十亿美元的业务，业务涉及数万名员工，而迈克尔·理查森负责的业务只有几百万美元，并且员工数量也只有几百人。业务规模上的差别使得总经理工作在不同环境下的差异显得格外明显。

从某种程度上而言，这里所述的关系都是直接易懂的，与大型业务或大型组织相联系的总经理工作都是"较大"的。换种说法，即大型业务或大型组织对总经理的工作要求比小环境下对总经理的要求要困难和苛刻得多。例如，在盖恩斯和杰克逊所处的大环境中，由于问题、决策和活动的大量性，使总经理工作的职责变得复杂得多，进而，决策变得更加困难。此外，与工作相关的各种关系通常数量巨大，使得通过他人来完成工作任务变得更加困难。

　　与此同时，规模的不同还使对总经理的工作要求在许多重要的质的方面产生差异。首先，信息环境的不同使得大小环境下的工作要求不同。在大公司中，总经理获得决策所需的细节信息往往比在小公司，要来得少。在某种程度上，这也使得决策制定的性质和相关问题发生了改变。例如，在小公司，就像在安德森或理查森所处的环境中，总经理可以清晰明了地对日常运作进行监督，并可以通过直接干预获得所需信息。而在大公司，由于所有的设施分散在不同的地理位置，这就显得不太可能。同样，在小公司，总经理可以进行资源配置决策，因为他们了解各方面有关信息；在大公司则不太容易实现，而且这也改变了资源配置问题的本质。

　　在更大的程度上，人文环境的不同使得大小环境对总经理工作的要求有着质上的差别。在大公司，总经理一般都在一些比较复杂和官僚化的组织结构及系统中工作。例如，在大公司，对"向上管理"的要求就与在小公司不同，因为大公司里的上级往往与总经理处于不同的地方，而且总存在一些正式计划和控制系统会影响他们之间的关系。另外，横向管理也有所区别，因为总是存在很多专家级职员项目组，而线性和项目间的非正式关系总是显得比较敌对。同时，"向下管理"的要求也不相同，因为与小公司不一样，在大公司里人员数量众多，不可能与每个人单独面对面地解决问题。而且，在大公司里向下管理的问题由于官僚系统（譬如一些规则、流程和惯例等）的存在，也会与在小公司里不一样。

　　本研究中的部分公司或业务比其他公司或业务有着更为成熟的产品和市场环境。例如，两个掌管银行业务的总经理艾伦和汤普森，从实践角度讲，他们经营管理着至少具有 50 年历史的产品和市场，而作为高科技产业的总经理，帕玻利斯的工作所涉及的产品和市场的历史还不到 10 年。尽管产品和市场的成熟度差异给总经理工作带来的差别没有像企业规模带来的差异那么直接和明显，但仍然是十分重要的。

　　首先，在历史较长的公司中，其信息和决策环境更加标准化和规范化。在与一种特定产品和一群固定顾客打了几年的交道后，积累下来的经验使得对业务发展、资源配置抉择及潜在运作管控问题的潜在新方向更加明确。因此，总体不确定性就会降低。这些业务相对来说比较稳定，因为它们成长不十分迅速。所有这些对决策制定的工作要求产生了极大影响。

　　此外，人力环境也通常会有显著的差别。在历史较长的公司中，我经常会碰到那些通常自认为是专家或专业技工（例如银行家或轮胎制造工人）的长工龄员工，他们对自己工作方法的正误通常十分自信。显然，这些因素都会影响关系或执行要求。

本文所提及的有些公司或业务，其业绩比另外一些要好得多。例如，当鲍勃·安德森、理查德·波林和丹·唐纳休刚刚上任他们的总经理工作岗位时，他们所掌管的分部都在亏钱，他们的职责就是争取"扭亏为盈"。但当汤姆·朗和约翰·汤普森开始他们的总经理工作时，他们所掌管的业务蒸蒸日上，他们的前任也正是因此而刚刚得到晋升。

这种营利上的差异从很多方面影响了对总经理工作的要求。在绩效较差的公司中，决策制定工作会相对更为困难，其原因有二。首先，在这种环境中，有更多的问题需要决策。当绩效变好时，总经理就不需要挖空心思去寻找业务的新方向或资源分配的新模式。当绩效变差时，自然就要花费心思去思考这些问题。其次，在这类公司中，问题往往需要快速决策。绩效较好的公司的总经理可以相对轻松，但绩效较差的公司的总经理，由于肩负着"扭亏为盈"的重任，他们必须更加操劳，以防止公司破产。

业绩水平的差异也会影响到对关系和人员的要求。在"扭亏为盈"的环境中，总经理会发现自己的工作越发需要依靠他人的协助，这仅仅是因为改变现状所涉及的大量事宜需要其他人来辅助完成。同时，总经理还通常会发现他们周围总存在那么几个业绩水平极差的下属。对这一问题进行处理便是唐纳休、波林和安德森在他们上任伊始的主要工作。

各种其他的环境差异同样也导致了工作要求方面的各种差异，尽管这些差异没有前面所描述的那些显得重要。例如，总经理工作涉及的产品和市场的多样性显得非常重要。在更加多样化的环境里，掌握所有有关产品和市场的细节信息是非常困难的；同时，与通常是更加多样化的人群建立联系也是非常困难的。在政治和经济动荡多发的环境里，与决策制定相关的不确定性很高，对决策制定的要求也更加高难。在那些直接上级较为"难缠"的环境里，管理、维护与上级的关系的任务显然更加困难。诸如此类，不胜枚举。

所有上面提及的这些因素，以及它们对总经理工作的要求所产生的影响都展现在图 2-1 和图 2-2 里，它们之间的关系如图 2-5 所示。

尽管关注管理（尤其是执行性）工作之间差异性的研究凤毛麟角，[12] 但是这些研究的发现与本研究相当一致。[13] 过去 20 多年来广泛深入的组织研究也是如此，这些研究侧重于识别导致组织内部变化的关键变量。[14]

业务及公司环境的影响因素 ──── 影响 ────▶ 呈现下列要求

业务及公司环境的影响因素	呈现下列要求
• 由经济增长、技术变革、政府法规变化、经济和政治动荡等因素所引致的与长期性问题相关的各种不确定性的数量和类型 • 引起对当前目标和政策质疑的各种无法预期事件的数量和类型	1. 尽管存在极大不确定性，但还是要设定基础目标、政策和战略
• 由于成长、业绩问题及富有抱负的目标等因素引致资源的稀缺程度 • 由于产品或市场的多样化、复杂尖端的技术等因素所引致的各类业务活动的数量和多样性	2. 在一组不同的业务和职能之间实现稀缺资源的平衡配置。避免短期导向主导长期利益，或市场问题抑制生产需求等
• 与业务相关的各类活动的总量（销售额、客户数量等） • 这些活动的复杂性（它们的多样性和相互依存性）	3. 高瞻远瞩，对数量巨大且复杂的一系列活动进行监查。能够及时识别出失控的问题（即"起火"）并快速加以解决
• 直接上级（他是否不称职、无礼粗暴或设定出不合理的目标） • 上级的处境和总经理的处境之间差异性的数量（所涉及的业务及物理距离等）	4. 从上级那里获得开展工作所需的信息、协作和支持。费些精力与上级交往而不是让上级感到自己工作不配合
• 由于公司总体规模和组织结构特点，或者由于大型客户、供应商、社团组织或正式团队的存在，重要的横向联系数量 • 总经理所在的组织和其他团体之间的关系（例如，存在怎样的对立）	5. 获取公司同事、其他相关部门或分支机构以及重要的外部团体（如大型社团、客户或供应商）的协作，尽管会遭遇阻力、繁文缛节等诸如此类的困难，但仍旧需要设法通过这些人把工作出色完成
• 总经理所在组织的规模（雇员的数量）和在重要岗位上的人员数量 • 由于多样性和变化所引致的人员问题的数量和类型	6. 激励和掌控数量众多并且类型不一的下属群体，处理业绩水平欠佳、部门间矛盾冲突等诸如此类之事

图 2-5　不同环境导致对总经理工作的要求产生差异的业务及公司环境的影响因素

小结与讨论

本研究中总经理工作的两大特性极为引人关注。首先，一般来说，这两大特性无论是在决策制定方面还是在执行方面对总经理工作的要求都十分严格。以不确定性、多样性及大量性为特征的信息环境和以人员大量性、思想多样化及关系依存性为特征的人力环境，几乎总是给总经理任职者制造出有关智力和人际关系方面的严重问题。而且，对基本商业趋势的大致观察表明，对总经理工作的要求不仅当前十分严格，而且正变得越发严格（见图 2-6）。公司规模的壮大和业务的多元化、技术的发展、政府管制规范的增多以及国际竞争的日趋激烈，所有这些因素共同导致对总经理工作职责的相关要求越发复杂化。与此同时，工人对权威人士态度的转变、劳动力结构的不断多样化以及员工普遍受教育水平的不断提升，所有这些因素都使得对总经理工作关系的相关要求越来越难以达到。当然，在某种程度上，这些相同的趋势同时使得所有的管理工作都变得更加困难。但是在综合管理层面上，我怀疑它们正在使原本极为困难的工作变得几乎无法完成——至少在某些情况下是这样的。

趋势	对综合管理工作要求的影响
公司多元化 公司成长 新技术开发 政府管制 国际竞争	与综合管理工作职责相关的要求：短期、中期和长期任务变得越来越复杂
工人对权威人士态度的改变 劳动力结构不断多样化 成长依赖于更多的人员 劳动力受教育水平不断提升	与综合管理工作关系相关的要求：对上级、同事和下属的关系管理变得越来越困难

图 2-6　基本商业趋势及其对综合管理工作相关要求的影响

其次，本研究中的这 15 位总经理的工作在许多方面存在不同。除了他们具有一些"核心"的相似处之外，这些工作对在职者的要求存在极大差异。这种差异显然是由总经理工作的类型、经营业务及所在公司的类型的不同导致的。此处总结出的差异性模式十分重要，原因是多方面的。随着新型总经理工作在过去几年里的不断涌现，以及组织规模和产品或市场成熟度日益趋向多样化，总经理工作之间的差异性无疑将随之增大，并且将来这种差异性还会不断增强。正因为如此，这些差异性模式的影响也将随之增大。并且，正如我们接下来将要看到的，这些差异性模式将与高效总经理个性特征间的差异性相关联。

第 3 章

总经理
个人特质与背景特征

THE GENERAL MANAGERS

　　总经理常常被毫无质疑地当作通才，甚至很多时候他们自己也这么认为。本研究中的多数总经理都认为他们几乎可以胜任任何组织的管理或者顾问工作，这些组织包括本公司的其他分支机构、别的公司、州政府或联邦政府部门，甚至是商学院。并不是说他们真的有兴趣去管理这些组织，他们中绝大多数人对现任工作都还是非常满意的。只是他们自认为只要自己愿意的话，他们及其他那些真正出色的管理者都可以做到这些。实际上，在他们的头脑里存有一个潜在信念，那就是一个真正做好准备且具备能力的"职业"经理人能够管理好任何事情，这一信念大概也为其他很多人所持有，包括一些商学院的学者。然而，本研究的数据资料显著表明该信念几乎是完全错误的。

　　几乎所有出现在本研究当中的总经理都是高度专业化的。也就是说，他们所具备的个人特质与其工作环境的特定要求是高度匹配的。因为在这15种总经理的工作情境中，其工作要求既有相似之处也有不同之处，进而，这些总经理也表现出在某些方面具有相似的特质，在其他一些方面则全然不同。形成这些相同性和差异性的特殊过程几乎是从总经理任职者出生之时就开始了，并一直持续发展到本研究开展之时。在该过程中，总经理们专注于商业经营，专注于组织管理，专注于某一特定产业，专注于某一特定公司，专注于综合管理职能本身。在本章及后续章节中我们将看到，这种专业化过程对培养他们应对各自巨大的工作压力时所需要的能力扮演着核心的角色。

为了探究这种专业化发展模式，我们将首先考察总经理们所共有的一些个人特质，然后来关注他们成长背景中的一些共同特征，最后研究个人特质与背景特征中的差异。

共同的个人特质

这15名总经理之所以被本研究选中，是因为他们在综合管理工作中的出色表现是得到公认的。然而在选择样本时，我们并没有考虑这些样本各自的个人特质及背景特征，当然这是在确保不会因疏忽大意而造成样本特征的明显不对称分布（例如所有的样本都在45岁以下，或者他们都是在同一个州接受的教育）的前提下进行的。实际上，即使我们并没有刻意地对样本选择做任何干涉，我们也没有违反这一前提。

当你第一次接触到这群人时，你就能一眼看出他们各自之间的巨大差异并为此感到震惊。他们当中有的高、有的矮，有的年轻、有的年长，有的保守、有的开明，有的温和、有的苛刻，有的来自北方、有的来自南方。

有鉴于此，你肯定不会认为他们属于同一个类型。然而，随着对他们了解的增多及更加深入，他们之间存在的大量共同点就会呈现。的确，他们身上所体现的各种共同特质超过 10 种，这些特质为本研究中绝大多数或者所有的总经理所共同拥有（见图 3-1）。其中绝大部分都与基本个性特征相关，这些个性特征包括需求或动机、性情、认知倾向以及人际关系倾向。剩下的个人特质则与他们成年期所积累或发展的知识和人际关系相关。

基本个性特征	
需求或动机	**性情**
• 热衷权力	• 情绪平稳
• 热衷成就	• 乐观
• 有远大抱负	
认知倾向	**人际关系倾向**
• 较高的智力水平（但非智力超群）	• 有人格魅力，善于与他人发展关系网络
• 较强的分析能力	• 与众不同的各类兴趣爱好使得他们能够自如地与各类业务专家相处
• 很强的直觉判断能力	
知识及人际关系资源积累	
知识	**人际关系**
• 拥有关于本业务的丰富知识	• 与组织上下数量庞大的人员拥有合作关系
• 拥有关于本组织的丰富知识	• 同时与业内许多人拥有合作关系

图 3-1 共同的个人特质

基本个性特征

这里所讨论的总经理的基本个性特征，贯穿于总经理的信息当中，这些信息通常与总经理的权力、成就、抱负、情绪稳定性、乐观精神、智力水平、分析能力、直觉、个人风格以及与各种类型的业务专家融洽相处的能力相关。[1]

除了一两个人之外，差不多所有的总经理看起来都属于高度成就导向型的。当被问及什么是他们生活中的"辉煌点"时，最常听到的两个回答之一就是取得工作成就。就像丹·唐纳休所说："我们把公司业绩从去年全年亏损100万美元扭转到今年一年盈利350万美元，你可以从中获得一种成就感。"这种对成就的共同需求也反映在他们对另一个关于工作满意度问题的回答上。总体而言，他们都对自己的工作很满意，而且业绩表现越好的总经理，满意度越高。[2]此外，其他人也常常能够观察到他们的这种成就需要。有这样一个典型的事例，迈克尔·理查森的一位下属告诉我说，理查森非常好强，无论什么事都想成为赢家，他"可能非常渴望成为你的研究中最棒的那个总经理"。

除了一个特例之外，所有的总经理似乎都非常热衷于权力和地位。例如，在回答有关个人生活中"辉煌点"的问题时，最常听到的第二个答案都和他们最近的一次晋升相关。他们当中绝大多数人都显然为自己能够拥有一个具有相当权力和地位的职位而快慰。此外，就像其

他人所提及和我所观察到的那样，这些总经理在权力运
用当中基本上不会受到抵制。查克·盖恩斯在这方面是
一个很好的例子。他对我说：

> 两年前，我负责菲尔伯兰德公司的时候，有
> 一次我得知我们的一款产品存在安全隐患。经过
> 短暂的思考，我清楚地认识到我们应该把这款产
> 品全部召回。无论是出于道德考虑，还是出于对
> 公司长远利益着想，这都是非常明智的，但很多
> 人却不愿意应对该措施所带来的直接后果。而实
> 际上，这样做的确会直接带来很多不良后果。例
> 如，这样做将使我们整个季度的收入泡汤，我们
> 的一些分销商可能会承受不住由此带来的损失，
> 产品开发和制造人员将会群起抵制。我可以告诉
> 你，这种反对召回产品的压力来自方方面面，而
> 且非常强大。但我还是这么做了，没有任何的犹
> 豫和迟疑。

与上述热衷于权力和地位这两点个性相关，绝大多
数总经理都极为进取且有远大抱负。尽管他们已经拥有
非常高的职位，收入也非常好，但是绝大多数人仍然想
承担更多的职责，获得更大的权力以及更高的薪水。其
中有些人，比如汤姆·朗和理查德·波林，想成为大企

业里数一数二的人物。而其他一些人，比如丹·唐纳休、
杰拉尔德·艾伦以及理查德·帕玻利斯，虽然不想成为
公司 CEO，但是他们希望能够在企业未来发展中扮演更
重要的角色。同时，实际上他们当中每一个人都想赚更
多的钱，他们衡量自己职业生涯是否成功的方式是拿自
己的薪水跟其他与自己处于同一年龄段的主管们的薪水
来比较。的确，他们对自己职业生涯的满意度很大程度
上取决于相对同龄人的收入而言他们多赚了多少钱。[3]

　　就性情而看，几乎所有这些总经理的情绪都十分稳
定。[4]这一点是可以观察到的，其他人也时常谈及他们的
这个特性。理查德·波林的一位下属这样评价他："即使
这里所有的人都急得要跳墙，理查德仍然会像以往一样冷
静。我们当中有些人常常经历的那种周期性狂躁抑郁症不
会发生在他身上。"我见过很多发生在波林以及其他人身
上的此类事例，有些令人印象十分深刻。比如有一次，当
约翰·科恩的一位下属几近歇斯底里地闯进他办公室的时
候，科恩只是平静地看了他一眼，像往常一样用平稳的
声调说道："坐吧，弗莱德。告诉我到底发生了什么事。"

　　多数总经理看起来都非常乐观。当人们的眼里有的
只是对于未来的茫然甚至是一片黑暗时，总经理却总能
够发现一些机会或者某些积极正向的信号。这一特征十
分明显且时常被谈及（有时也是在批评总经理时被提及）。

至于人际关系方面，所有的总经理都非常具有个人魅力并善于和人们建立关系（尽管其中有些人在这方面要比其他人更为突出）。同时，该特征也很容易被观察到且也常被人津津乐道。保罗·杰克逊在这方面是最棒的几人之一。在我们的第一次见面仅仅聊了 6 分钟之后，我就觉得他似乎已经是个老朋友了。后来，当他的一个下属对我说"差不多这里的每一个人都非常喜欢保罗"时，我也毫不惊讶。

同样是在人际关系趋向方面，绝大多数总经理在斯特朗 – 坎贝尔兴趣量表（Strong-Campbell Interest Inventory）测试中都显示出非常鲜明的反应类型。[5] 该类型体现出的是总经理在与各种业务专家打交道时的非凡能力。例如对汤姆·朗的测试结果显示，他在四种销售或营销类职业、三种操作类职业、两种金融类职业、三种公共关系类职业、法律部门以及人力资源部门中获得极高的分数（40 分以上）。[6]

在认知方面，所有总经理的智力似乎都超过平均水平。我说"似乎"是因为我并没有给他们做过任何标准智力水平测试，该结论仅基于我对其他人进行的访谈。当然，这 15 个人当中也只有 2 个被认为属于"非常聪明"的那种类型——在传统的智力水平测试中可以得到140 分以上。例如，在最为典型的一次调查中，我与 10

位曾与某一位总经理共事的人员进行了交流，有半数以上的人用"聪明"或者"睿智"这样的词来形容他。而只有 2 次的调查没有人提及总经理的智力特征，另外有 5 次调查人们用了更为有力的词（例如才华横溢、绝顶聪明）来进行描述。

在认知技能方面，绝大多数总经理都显示出较强的分析能力和直觉判断能力。也就是说，他们善于系统地进行逻辑思考。同时，他们的"第六感"也相当发达。和前面的情况一样，在访谈期间，人们也经常会提到总经理的这些特性。人们在形容总经理的认知技能特征时所常用的描述包括"拥有出色的判断力""有很强的分析能力""思考问题具有系统性""善于发现问题"及"有逻辑性"等。

知识与人际关系

除了拥有一些共同的个人特质之外，这些总经理在商业知识和商业人际关系的某些特定方面也非常相似。具体而言，他们对各自所在行业业务知识的掌握全面且精通，并且，他们在公司上下乃至整个行业内拥有广泛的人际关系。

尽管有些总经理显然要比另外一些总经理更为博学，但是典型的总经理通常是其所掌管业务领域内的"专家"。他们对与本行业相关的各种具体的产品、竞争对手、市场、客户、技术、协会以及政府政策了如指掌。此外，他们对自己公司的方方面面也非常了解，包括公司内的不同人群、各种组织流程、公司的发展历史及具体的特定产品等，他们无所不知。

要弄清楚一个典型的总经理到底掌握多少与业务相关的知识非常困难，至少我是没有很好的办法将这些知识精确测量出来。但是通过与他们的沟通，我清楚地认识到，如果我只是花上几个星期而非几个月或者几年对他们进行访谈的话，我仍然无法了解所有相关细节。总之，这些总经理就好像是一部部百科全书，里面记录着与他们公司和业务相关的所有细节资料。[7]

此外，一位典型的总经理与其公司上下及整个行业数以百计的人（有时甚至是数以千计的人）维系着各种合作关系。这些人包括公司内部的上司、同事、下属以及公司外部的客户、供应商、机构官员、竞争对手和政府人员。

例如，那些和杰克·马丁共事的人透露，在公司内部和整个行业里熟悉马丁的不下千人。这些人或者是喜欢他、尊敬他、愿意为他工作，或仅仅将他视为一个重要人物。就像其中的一个人告诉我的那样："我甚至不能确定我所见过的人和他认识并知道名字的人哪个更多。"

本研究中的总经理当中有些人建立的业务合作关系

网络甚至比马丁的还要广泛。当然大多数还是不及他的。
但是无论基于何种标准，所有总经理的人际关系网络都
是非常广泛的。

与工作相关的共同点形成原因

总体而言，本研究中的这些总经理拥有超过 10 种的共
同的个人特质。他们在动机、性情、认知倾向、人际关系
倾向、知识以及人际关系方面，都有着惊人的相似之处。

虽然以往很少有专门针对总经理个人特质的研究，
但是这里确实存在某些证据表明图 3-1 列举的那些项目
并不是只适用于这 15 个人的特殊情况，尤其是那些个人
特质。[8] 不过，你仍然很有可能会质疑，如果选择另外一
些总经理样本是否会得出不同的结果，或者说这些个人
特质是否真的能将总经理区别于其他类型的管理者（或
者普通人）。在获得更多的数据资料之前，我们并不能完
全回应这个疑问。但是，关于这里所发现的那些共同点
是否与他们特定工作情境存在着某种逻辑关系，我们可
以进行一番探究。

从第 2 章我们可以看到，总经理的工作常常意味着
其需要承担应对许多困难、挑战及各类问题的职责，而
这些职责又共同对总经理人际与智力能力方面的任职资
格提出非常高的要求。一方面，这种工作要求总经理负

责大量、复杂且多样化的各种相互依存的活动。在存在太多的不确定性、多样性以及大量潜在相关信息的环境中，断定要做什么（即制定决策）将会十分困难。另一方面，这种工作还决定了总经理需要同时与他的上级、大量且多样化的下属人员以及许多处于其命令链之外的人交往联系。因此，决策的执行也同样异常困难。我们对图3-1进行了仔细的考察，认为结论表明该列表中的所有共同个人特质将有可能（如果不是必要的话）有助于总经理应对上述种种困境（见图3-2）。

总经理工作 关键要求		总经理 个人特质	
职责和关系	产生的需求	知识和关系 资源的积累	基本个性特征
• 对大量的、复杂的以及多种多样相互依存的活动负责	• 在具有不确定性、高度多样化以及大量潜在相关信息的环境中明确该做什么（做决策）	• 拥有关于本行业和企业的丰富知识	• 较高的智力水平，很强的分析能力及直觉判断能力，成就导向
• 工作上依赖于上司、庞大而多样的下属以及许多处于其命令链之外的人	• 通过庞大而多样的一群人完成工作（包括上级、下属以及其他人），尽管他们对于绝大多数人并没有直接的管理权限	• 拥有公司（以及所在行业）广泛的关系网络	• 有魅力、喜好权力、善于发展关系、情绪稳定，有与广泛类型的业务专家相处的与众不同的能力
总而言之：这是一份要求异常苛刻的工作，但同时也能带来地位和财富			

图3-2　共同的个人特质及其与总经理工作要求的对应关系

　　当一个管理者要在各种具有较强复杂性的环境中做

出有效决策时，具备关于本公司和业务的广泛知识将是不可或缺的。这些知识能够引导一个人在数量众多的潜在相关信息中进行选择并对目标信息进行分析和理解。而在相对单一简单的环境中，运用通常的判断力就足以做出决策，或者可以在很短的时间内去学习相关的知识，但这在具有较强复杂性的情境中都无法奏效。

同样，超出平均水平的智力、分析能力以及直觉判断能力等诸多认知特质毫无疑问对处理复杂情境具有相当大的帮助。这些特质可以使人胜任于搜集、存储和处理数量众多且复杂的信息。从类似的角度来看，乐观的性情以及渴望取得成就的动机可以驱使人在复杂而困难的总经理职位上发挥这些技能。能力和驱动力，看起来这两者缺一不可。

当人们在业务上有较强的相互依存关系时，在公司上下（行业内外）拥有广泛的非正式关系对任务达成、决策执行则将十分有益。这些关系可以帮助一个人调动那些本不受其权力范围控制的人员和资源。当然，并不是所有的工作都高度依赖于他人的协助，在该种情况下这些关系就无法显示出较高的价值，因为这种情况下的工作完全可以独立完成。

另外，当某人的工作同时高度依赖于各类不同人群时，个人魅力风格、善于建立个人关系以及和各种类型

的业务专家共事的能力等这些人际关系特质将会对工作
的展开十分有帮助。这些特质似乎可以使他具备培养、
维系并利用自身与他人关系的能力。相应地，渴望权力
以及情绪稳定的性情可以激发人在总经理工作情境中充
分运用这些能力的强烈意愿。

最后，拥有远大抱负对于吸引人们去追求那些能够
提供可观收入与地位的工作，并使他们即使在面对巨大
压力、要求和挑战时仍不退缩，可能是非常重要的。

换言之，这些总经理之所以会拥有图 3-1 所描述的
那些共同的个人特质，可能是因为他们的工作在本质上
有很多相似之处，而这些相似之处反过来对他们本身的
个人特质提出了共同的要求。这些特质可以使他们有能
力且有意愿去应对该类工作所带来的决策及执行等方面
的难题。在某种意义上，这些特质似乎与该项工作的关
键维度相匹配（见图 3-2），它们可以让一个人在总经理
职位上即使面对诸多挑战，也仍然可以稳坐总经理宝座
并取得成功。

此外，所有这些总经理的工作业绩都相当出色，对
此我们可以做出这样的解释，那就是人与职位的"匹配
度"和工作绩效具有相关性。接下来我们对相关资料的
进一步深入分析将为该解释提供明确的依据。

本研究中的一些总经理的业绩表现或许可以称为

"优异"，另外一些达到了"良好"的水平，而其他的一些则是"一般"（见附录 E）。为了解释这些差异，我们试图从人职匹配方面找到答案。具体而言，业绩表现更优秀的总经理在开始任职时，他们已经体现出更能与该项工作的各种特定需求相匹配的一些个人特质。他们拥有与本公司和本业务相关的知识以及与生俱来的智慧，而这些特质能够使他们更好地处理该项工作所对应的各项复杂任务活动。他们同时拥有出色的人际交往技能以及广泛的关系网络，这些资源也能更好地匹配该项工作内在的人际关系依赖性。

看起来，业绩水平更高的总经理之所以能表现出较高的"匹配度"是两方面因素综合作用的结果，一方面，这些总经理本身拥有更为突出的个人特质，另一方面，他们的工作要求相对不那么严苛（尤其是人际关系方面的要求）。例如，两位业绩表现为优异的总经理都被其他人描述为非常擅长与人交往（例如，拥有个人魅力并善于建立关系网络），绝大部分业绩表现为良好的总经理也被认为擅长此道，但三位业绩表现为一般的总经理中仅有一位曾得到过这样的评价。两位业绩表现为优异的总经理都被认为是聪明绝顶的并拥有极强的判断力，绝大部分业绩表现为良好的总经理也曾获得如此赞誉，但三位业绩表现为一般的总经理中只有一位被认为拥有该种

特质。在工作压力方面，当两位业绩表现为优异的总经
理开始接手该项工作时，他们的下属都不超过 400 人，
而绝大部分业绩表现为良好的总经理都与他们类似，但
是在三位业绩表现为一般的总经理中却只有一位属于这
种情况。此外，两位业绩表现为优异的总经理中没有一
位从事运营、产品或市场类总经理工作，但是业绩表现
为良好的总经理中有一半是从事这类工作的，绝大部分
业绩表现为一般的总经理则都属于这种情况。

因此，看起来一个人要想在总经理这个位置上做出
优异的业绩水平，那他不但必须拥有大量的个人资产
（见图 3-1），此外，他的工作必须是"可管控的"。一位
总经理仅仅拥有很好的商业判断力、出色的人际交往能
力或远大的抱负是不够的。他还需要许多动机、性情、
人际关系倾向、认知倾向、知识及人际关系资源等方面
的特质。[9]这里只是列出了所有的个人特质，而这些特质
与工作需求相匹配也十分重要。

共同的背景特征

除了个人特质方面之外，本研究中的总经理在许多
背景特征方面同样存在着共同之处（见图 3-3）。他们的
家庭环境在很多地方都很相似；他们的教育背景及工作
经历也存在着许多共同点。

儿童时期的家庭环境

- 父母的社会地位逐步上升
- 从小与亲生父母一起生活长大
- 与父母亲中的一位或者两位保持紧密的关系
- 父母亲中至少有一位接受过两年制或四年制的大学教育
- 父亲的工作与商业有关或曾从事非商业环境下的管理工作
- 有兄弟姐妹（非独生子）

教育经历

- 拥有本科或研究生（硕士）学历
- 学位与商业有关
- 在中学、大学里担任学生领袖

早期工作经历

- 加入（或创建）一家与个人兴趣及价值观非常匹配的企业（行业）
- 职业生涯的大部分时间在一个行业中度过
- 职业生涯的大部分时间效力于现在的雇主
- 在晋升为总经理之前在一个职能部门（最多两个）工作
- 晋升迅速
- 在职业生涯较早的时期被提升到第一份综合管理工作职位上（介于34岁到40岁之间）

图 3-3　共同的背景特征

　　或许你会认为这些共同的背景特征只是一种巧合，但实际上未必如此。接下来我们将讨论图 3-3 所描述的情况更有可能是一种范式，因为这些经历对于上述诸多共同的个人特质的塑造起到了关键作用。

儿童时期的家庭环境

　　这些总经理当中，绝大多数人父母的社会地位都得到了提升。他们的祖父母通常属于中下阶层或者中等阶层，而他们的父母则进入了中等阶层或中上阶层。

除了两个人之外，这些总经理在儿童时期都与父母一起生活，并且他们都表示自己和父母一直保持着紧密的关系。弗兰克·菲罗诺在这方面是一个具有代表性的例子。当弗兰克提到他的父母特别是母亲时总是充满真挚的感情，他认为母亲是自己"这一生中所遇到过的最善良的人之一"。当我问弗兰克有哪些人或事曾经对他的职业生涯产生过重大影响时，他立即谈起了父母对他的影响："他们对我的期望很高，同时他们也给了我巨大的支持。"

几乎所有的总经理的父母当中至少有一位接受过大学教育（四年制或两年制），不过其中只有两个人的父亲拥有硕士学位。例如，理查德·波林的父亲拥有学士学位，而他的母亲拥有一个两年制的大专文凭。他们当中绝大部分人的父亲都曾经在企业里做过管理者或者推销员等类似的工作，而其他人的父亲所从事的职业包括海军军官、乡村邮递员、农民（农场管理人）、医生以及律师。

这些总经理中没有一个人是独生子，都至少有一个兄弟姐妹。有四位总经理有一个兄弟姐妹，六位有两个，三位有三个，一位有四个，另外还有一位有五个兄弟姐妹。绝大部分人都不是家里的长子，实际上有四位在家里排行最小。

教育及工作经历

这些总经理都至少是本科学历，虽然其中只有几位曾经就读于名牌大学（如哈佛大学和普林斯顿大学）。绝大部分人同时拥有研究生学历，而且通常都是 MBA。他们所取得的学位几乎都与商业有关，例如商学、经济学和工程学。

当他们还在中学和大学里学习时，这些总经理几乎都是学生领袖。他们当中有很多人做过学校运动队的队长，而有一些曾经领导过学生俱乐部或社团。也就是说，这些人几乎都在相对较早的阶段就显示出对担任领导者和管理者角色的兴趣。鲍勃·安德森在这方面是一个典型的例子。在中学时他是学校年刊的编辑，同时还担任两个学生俱乐部的主席。进入大学之后，他担任了班长并被他所在的协会选举为杰出新生和老生。

从学校毕业之后，绝大多数人非常迅速地选定一个行业或一家企业开始他们的职业生涯，其中也有一些人选择了先在军队服役一段时间或者是尝试了一两份工作之后才找到了他们理想中的职业。一般来说，他们所选择的工作环境与各自的兴趣爱好以及价值观都非常匹配。而且，一旦做出了决定，他们就会坚持到底。按照平均水平来计算，他们的职业生涯中 90% 的时间所从事的行业，都是与其所学的专业和知识相关的；只有一个人的职业生涯的大部分时间投入在一个虽然与其所学专业相关，但并不十分对口的行业中。同样是按照平均水平来计算，他们的职业生涯有 81% 的时间是在目前的公司里度过的；其中只有三个人的职业生涯一半以上的时间是和其他雇主有关，而不是他们现在所效力的公司。这也就是说，尽管我们都听说过关于公司之间高管流动的事例，但是这些总经理在这方面却显得并不活跃，他们一直专注于某一特定行业乃至某一特定公司。

这些总经理在各自的公司里迅速晋升。事实上，绝大部分人的职业生涯都呈现出所谓的"成功综合征"。这是一种具有如下特征的模式：

- 他们在早期的任职中表现出色。
- 因为出色的表现，他们得到了晋升，或者被分派更具挑战性的任务。
- 这增强（或者甚至较大地增强）了自尊心和驱动力，也使他们拥有了一些正式或非正式的权力，并且为他们逐渐获得更多的权力提供了机会，而更具挑战性的工作也使他们拥有更大的拓展自我并培养技能的空间。
- 这在另外一个方面发展了他们的个人关系资源（包括在公司高管层中找到一位或者几位良师益

友），拓展了他们的知识面，并培养了他们人际交往和智能思维技巧。

- 他们获得的这些东西反过来能帮助他们在接下来的工作任务中表现得更加出色。

- 进而使得他们再一次得到晋升或者得到一个更具挑战性的任务。

- 这个过程循环往复、自我复制。

在成功综合征的作用下，这些总经理平均每2.7年更换一个新的职位，而实际上每一次职位变更都赋予了他们更多的职责。绝大部分人在他们职业生涯早期都服务于单一的职能部门，而该部门在某种程度上直接涉及公司业务的核心。少数人在被提升到总经理的职位之前曾经在两个部门工作过，但是没有人尝试过更多的部门。绝大部分人在34岁到40岁时获得了他们第一份总经理的工作，而其中只有一个人在34岁之前，此外也有三个人在40岁之后才开始总经理工作。正因为如此，除了一些例外情况之外，这些人都是在他们职业生涯较早的阶段就进入了综合管理领域工作，并在某种意义上一直专注于该项工作。在综合管理领域，绝大部分人所从事的总经理工作或者总经理工作背景都局限在非常有限的范围内。具体而言，多数总经理在他们的职业生涯中只从

事过全部 7 种综合管理工作中的一种，没有一个人曾涉
及过两种以上的工作类型。从产品 – 市场成熟度来看，
没有人曾同时涉及新兴行业和成熟行业。从组织规模来
看，仅有少数人曾服务于规模很小与极大的企业的综合
管理工作。

最后，从社会经济学的意义角度看，除了一个特例
之外，这些总经理的社会地位几乎都明显呈现出上升的
势头。更确切地说，他们目前所拥有的职位以及收入都
已经超越了他们的父辈。其中约 2/3 的人，目前的职位
和收入已远远地超过了他们的父辈。有些人，例如斯帕
克斯曼，他的父亲曾经是一位邮递员，现在斯帕克斯曼
赚的钱比他父亲当初的收入要多出 10 倍之多。

尽管这一系列背景特征适用于该研究中的每一位总
经理，但实际上其中的一些特征则与业绩表现更好的总
经理更为接近。这部分总经理更有可能有一位曾经担任
过管理工作的父亲；更有可能与母亲或者父亲有非常紧
密的关系；更有可能有两个或者更多的兄弟姐妹；更有
可能拥有研究生学位；更有可能加入看起来和他们非常
"相配"的企业；更有可能患上"成功综合征"；[10] 也更
有可能得到一些强势并能够帮助他们持续上升的良师益
友（业绩水平为一般的总经理中没有一位拥有位于公司
高层的职场导师）。

导致背景相似性的可能原因

同样，我们从其他来源获得的一些数据表明，本研究发现的这些背景特征相似性并不是仅仅出现在这群总经理身上的特殊情况。例如，尽管有些人可能会认为终生效力于一家公司并不是适用于绝大部分总经理的常规情况，但是我所能找到的所有证据都可以支持本研究的发现。《财富》（*Fortune*）[11]、光辉国际（Korn Ferry International）、[12] 美国经济咨商会（Conference Board）、[13] 安永会计师事务所（Ernst & Young）[14] 进行的研究以及其他的研究 [15]，其结果都显示顶级综合管理工作者都倾向于将他们绝大部分职业生涯投入于目前的雇主。其他一些数据，[16] 包括近期一个在英格兰进行的对超过 200 位 CEO 的调查，[17] 进一步支撑了其他一些模式。尽管如此，你可能会再一次怀疑这些模式背后是否存在一定的机理。

为了理解这些背景相似性背后的机理，考察图 3-1 所描述的那些个人特质的形成方式是极为有价值的。图 3-4 归纳提炼出了这样一种动态发展模式。该发展模式表明，这些总经理之所以会拥有许多相同的背景特征，是因为正是那些经历塑造了他们共同的个人特质——那些能够帮助他们有效应对各种综合管理工作需求的特质。

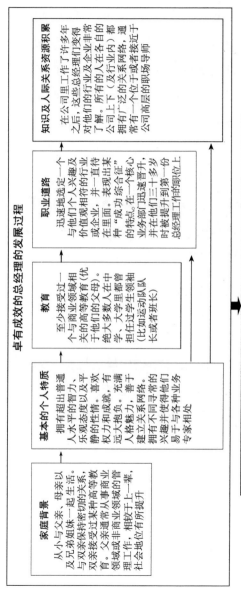

卓有成效的总经理的发展过程

家庭背景

从小与父亲、母亲以及兄弟姐妹一起生活。与双亲保持密切的关系。双亲接受过某种高等教育。父亲通常从事商业领域或非商业领域的管理工作，相较于上一辈，社会地位有所提升

基本的个人特质

拥有超出普通人水平的智力，乐观态度以及平静的性情。喜欢权力和成就。有远大抱负，充满人格魅力，善于建立关系网络。拥有不同寻常的兴趣并使得他们易于与各种业务专家相处

教育

至少接受过一个与商业领域相关的高等教育（优于他们的父母）。绝大多数人在中学、大学里都曾担任过学生领袖（比如运动队队长或者班长）

职业道路

迅速地选定一个与他们个人兴趣及价值观相符的行业或企业，并一直待在里面。综合这样一种"成功综合征"的特点，在一个核心业务部门迅速晋升，并在他们三十多岁时被提升到第一份总经理工作的职位上

知识及人际关系资源积累

在公司里工作了许多年之后，这些总经理们变得对他们所有的人在各自的公司上下（及行业内）都了解，通常总经理及行业网络、拥有广泛的关系网络，通常有一位子或者接近于公司高层的职场导师

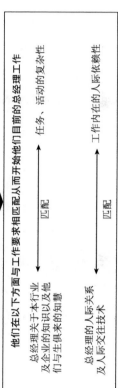

他们在以下方面与工作要求相匹配从而开始他们目前的总经理工作

总经理关于本行业 ← 匹配 → 任务、活动的复杂性
及企业的知识以及他们与生俱来的智慧

总经理的人际关系 ← 匹配 → 工作内在的人际依赖性
及人际交往技术

图3-4 对"匹配性"的研究

因为本项研究中典型的总经理在童年时期具有某些基本环境条件——社会地位上升、处于中产阶级并与之关系紧密的父母，受过大学教育并从事经营或管理工作的父亲，有两到三个兄弟姐妹等，使得这些总经理从小就受到不断进取之美德的熏陶，沉浸在教育与商务以及上司、同事和下级之间的关系处理的氛围中。在这种环境中，总经理们自然会形成远大抱负、超出一般人的智力水平、积极向上的态度、情绪稳定的性情、对权力和成就的渴望、个人魅力风格、善于建立关系网络的技能以及对于商业各个方面的兴趣等。

对于权力和成就的渴望、个人魅力以及其他相关因素使得总经理在中学阶段就成了学生领袖，并因此获得了相当宝贵的经验。远大抱负将一直驱动着他们进入大学甚至攻读研究生学位，而对于商业的兴趣则成了其选择专业（比如经济学、商学或者工程学）的最重要影响因素。

走出校园后，远大抱负、对权力和成就的渴望、出色的人际交往能力、智力、乐观的态度以及平稳的性情等，所有这些个人特质共同帮助他们在职业生涯起步阶段就表现出色，并常常帮助他们与一些公司高层建立起某种对其未来发展相当有益的关系。出色的技能和努力地工作、广泛的关系网络，或许再加上一些运气，这些因素可能使他们在其职业生涯早期阶段就很快得到晋升并开始步入综合管理工作领域。

　　由于其迅速选定某个行业以及公司，并一直坚持下来，当总经理到了四十多岁的时候，他们已经对其所在行业的业务知识了解全面且非常精通。同样，此时他们也很有可能已经在整个行业内以及公司上下建立起了广泛的关系网络。这些知识与关系资源的积累，再加上之前的那些技能及个性特征，毫无疑问将使他们在工作中游刃有余，同时对他们的成功以及社会地位的提高起着非常大的促进作用。

　　虽然富有理想抱负，但总经理却并非经常跳槽，究其原因：首先，他们所拥有的丰富知识（关于其所在行业和企业）以及广泛的个人关系网络可能对于另外一家公司并不具备可移植性，而且他们要在新公司里迅速地学习到所需要的知识并建立起个人关系网络将相当困难。因此，要在非常高层的职位上更换一家雇主并延续成功和高效，这对他们来说是难以完成的。其次，即使他们知道自己能够成功地做到上面讲到的这一点，他们也很可能不会倾向于这么做。从很小的时候开始，他们可能就已经理解承诺和忠诚的重要性，因而他们会把自己的企业看成一个大家庭并忠于它。而且他们也做得非常出色，总的来说对目前的公司十分满意。

　　当然，仅仅对总经理在企业间的流动性这一点进行"验证"，并不足以让图3-4所示模式中的其他部分都得到证实，但是这种动态发展模式毫无疑问将极可借鉴。

它和发展心理学 [18] 的结论相一致，并且确实为我们所发现的总经理的共同背景特征提供了一系列逻辑上的解释。而且，我们至少可以从中得出一个非常重要的推论，那就是胜任综合管理工作所必需的一系列特质需要很长时间的培养，它们不是一夜之间形成的，人一生所经历的事情对此都有着重要的影响。

个人特质与背景特征差异

保罗·杰克逊以及迈克尔·理查森同为被赋予重大职责的总经理，他们俩的年收入都超过了 15 万美元，而且各自的职业生涯都非常成功。他们都拥有图 3-1 和图 3-3 所描述的绝大部分特征。然而，他们又在很多地方有着非常大的差异。

杰克逊的父亲是一位农场主，而理查森的父亲则是一位制造型企业的主管；杰克逊在一个中西部的新教徒家庭长大，而理查森的家庭则都是天主教徒并居住在东部；杰克逊是家里三个孩子中的老二，而理查森则在全家六个兄弟姐妹里面排行第四；杰克逊说他和父母的关系都非常紧密并受他们的影响非常大，而理查森和父母的关系则有些疏远；杰克逊在上大学之前都是在公立学校念书并在一所州立大学里获得工程学专业理学学士学位，而理查森上的是私立中学，他的本科学位和研究生学位（MBA）分别是在两所常春藤盟校拿到的；毕业之后，杰克逊在海军服役过一段时间，而理查森则没有；在他们职业生涯早期，杰克逊曾在制造工程行业工作，而理查森则从事于金融行业。

虽然我发现这两个人都非常有趣并讨人喜欢，但真正让我感到惊讶的是他们在许多方面有很大差异。相比较而言，杰克逊要热情开朗得多，理查森，用他自己的话说，则多少有些害羞。杰克逊的分析技能较为逊色（而且我猜他在传统智力测试中的得分也不会很高）；理查森则显得更为"敏捷"和"机灵"。杰克逊要更为保守，你可以从他的衣着以及办公室的装饰风格上看出这一点，当然也包括他的政治观点。理查森相比杰克逊而言则更为自由随便。杰克逊的业余爱好是打高尔夫球和木雕艺术，理查森则更喜欢摄影和出海钓鱼。

和之前的相似之处一样，从这些总经理之间各种各样的不同点中可以发现某些非常清晰的模式。有一些和年龄有关（或者他们成长的年代），其他一些则和他们的工作差异有关，当然另外还有一些是与这些工作完成的不同的特定环境和流程有关。

年龄不同所带来的差异

这些总经理中的某些差异看起来与他们出生和成长的年代有非常大的关系。更具体地说，7 位较为年长的

（平均年龄 53 岁）以及 8 位较为年轻的（平均年龄 41 岁）总经理在以下方面是不一样的。较为年轻的那些总经理的父母的受教育程度更高，父亲更有可能从事过高层管理工作，而他们本人的宗教信仰更为多样化。他们更有可能是家里的第一个孩子并且通常都接受过更好的教育。他们当中很少有人在军队服役过，而离婚的情况也更多。他们并不那么喜欢打高尔夫球，更喜欢自己的妻子有独立职业，而且更倾向于将工作和家庭生活区分开来。

两代总经理之间的差异，在很大程度上反映了过去 30 年所发生的广泛的社会与经济变革。比如说，如今人们的受教育平均水平一直在提高，因此年轻一代的总经理有受过更好教育的父母，而且他们自己的教育水平也比年长一代的总经理们更高，这些并不足为奇。此外，年轻一代的总经理们军队服役的经历更少，他们结婚和离婚的次数更多，更乐于夫妻双方都拥有自己独立的事业，而且比起打高尔夫球他们更热衷于打网球，因为这些是影响着在二战之后成长起来的一整代人的大趋势（年轻一代的总经理二战结束的时候才 7 岁，而年长一代的那个时候已经 19 岁了）。

尽管当你考虑到社会和经济发展趋势时，两代总经理之间存在差异的这个事实并不会让人感到惊讶，然而所有这些与年龄有关的差异仍然令人印象深刻。但如果当你知道事实上企业极少认识到不同年龄段公司主管之间的巨大差异时，这一点就会显得尤为特别。

工作不同所带来的差异

除了年龄不同带来的差异之外，似乎可以从他们的个人差异以及各自的工作差异之间找到许多联系。具体而言，不同的工作需求看起来对应不同类型的人（见图 3-5）。

图 3-5 所描述的模式是对图 3-2 基本模式的一种扩展，从这个基本模式中可以看到这些总经理倾向于拥有某些特定的共同的个人特质，而这些特质又可能非常有益于总经理应对前一章所讨论并提炼出的那些关键工作需求。但是，那些需求看起来或多或少会产生一些变化，而个人特质也是一样。

例如，某些特质本为所有总经理在某种程度上所共同拥有，但是对于那些职责要求更为苛刻以及决策制定更为困难的总经理来说，他们在这方面相比其他总经理要更为突出，这些特质涉及智力、分析与直觉判断能力、积极乐观的态度、成就导向、业务知识以及关于本企业的知识。同样，对于那些更强调关系网络而且任务达成更为复杂的工作，我发现那些总经理在另外一些特质方面较其他的总经理显得更为突出，而这些特质对于处理上述挑战更加有效，它们涉及：个人魅力、发展关系网络的能力、对权力热衷、性情稳定、与各种业务专家融洽相处的能力以及在整个行业内以及企业上下广泛的个人关系网络。

总经理工作		一般而言，个人特质都倾向于与	总经理个人特质	
职责和关系	产生的需求		知识和关系资源的积累	基本个性特征
• 对大量的、复杂的以及多种相互依赖的活动负责	• 在具有不确定性、高度多样化以及大量潜在相关信息的环境中确定该做什么（做决策）	关键工作要求相匹配 ↕ 对决策的要求越高，这方面的个人特质就越倾向于突出	• 拥有关于本行业和企业的丰富知识	• 较高的智力水平，很强的分析能力及直觉判断能力，成就导向
• 工作上依赖于上司、庞大而多样的下属（包括上级、下属以及其他人），尽管他们对于绝大多数人并没有直接的管理权限	• 通过庞大而多样的一群人完成工作（包括上级、下属以及其他人，尽管他们对于绝大多数人并没有直接的管理权限）	对执行的要求越高，这方面的个人特质就越倾向于突出	• 在公司上下（以及所在行业）拥有广泛的关系网络	• 有魅力，喜好权力，善于发展关系，情绪稳定，有与广泛类型的业务专家相处的与众不同的能力
总而言之：这是一份要求异常苛刻的工作，但同时也能带来地位和财富		总体要求越高，抱负就越倾向于远大		• 非常有抱负

图3-5 与总经理工作差异相关的总经理个人特质差异

在某种程度上，这些高度概括的模式同时存在于本研究所有 15 位总经理身上。例如，查克·盖恩斯的工作对关系网络有着非常高的要求，而这主要是因为他所服务的组织的庞大规模和所从事的工作类型（产品或市场）。在这样一份较为棘手的工作中，我观察到一个身材高大，魁梧得像运动员般的人运作得如鱼得水。他处理人际关系的技巧相当出色，并且能够以一种近乎完美的方式控制自己的情绪。他在行使权力时显得非常从容，甚至要胜过其他所有总经理。他同样在公司上下拥有强大的关系网络：公司 CEO 是他的职场导师，而且他和其他许多人都保持着紧密联系。

鲍勃·安德森的情况则完全不同，他所从事的工作及其本人都与盖恩斯属于完全不同的类型。该项工作更为强调职责的重要性，这主要是因为当鲍勃上任时公司正处于困境并处于亏损中。但是，由于相关的工作类型（独立事业部总经理）和涉及的人数较少（并且都集中在一个地方），该项工作对总经理个人关系网络的要求算不上非常高。在这种环境背景下，我所看到的是一位比本研究中绝大部分人都更具有思维和分析能力的总经理，同时他的态度也更积极乐观（例如他没有盖恩斯那么愤世嫉俗）。由于他在自己的整个职业生涯内都从事这个行业，他甚至要比其他所有的总经理更为了解他所主管的业务。但是在人际关系处理方式这方面，如果说盖恩斯是一头狮子，那么安德森则像是一只泰迪熊。

至少在某种程度上，该模式同样可以帮助解释杰克逊和理查森两个人之间的差异。杰克逊拥有一份产品或市场类的总经理工作，这份工作需要应对一系列多样的、成熟度适中的业务，同时还需要管理数目庞大的雇员。如果从人际关系处理方面看，这是一份极其困难的工作。实际上，杰克逊本人确实拥有相当出色的人际关系能力，到现在为止他一直从事这个行业，而且他在业务上认识的朋友数以千计。理查森曾经是一家公司的创始人之一。在 1978 年的时候，他担任 CEO 并带领公司在一个规模较小且仍处于起步阶段的行业中摸索前进。注意，理查森受过良好教育，智力水平高于常人。这两人的基本价值观和处世哲学都与他们所处的环境非常一致。更为保守和传统的杰克逊受雇于一个位于中西部、历史悠久、风格保守、属于传统行业的公司，而更崇尚自由随性的理查森则在东部工作，他所在的公司显得更为年轻、更富活力。

图 3-5 描述的这些模式能够帮助解释总经理之间存在的种种差异，它们可以帮助理解为什么杰克逊是这样的而理查森是那样的，但是它们无法解释所有的差异，因为这些总经理并不总是与他们的工作完美契合。确实，

绝大部分案例都存在一定程度的不匹配。对这些案例的进一步深入分析表明，人与职位某种程度上的不匹配至少由三个共同的原因所造成。

造成不匹配的主要原因

这些总经理之所以常常会有一些特质与其工作需求不相匹配，其中一个通常的原因是在他们担任该职位的时期内，那些工作需求发生了很多重大的改变。在这种情况下，随着时间的推移，起初很好的匹配度随着业务的不断成长、变得更加的成熟或者变得更多元化而不断减弱。也就是说，工作需求发生了变化，但是总经理的个人能力及倾向却没有产生相应程度的变化或者变化的方向不相一致。

导致不匹配的另外一个通常的原因，是那些选择总经理的决策者并没有从"匹配度"的这个角度考虑。尽管绝大部分现代的人力资源系统都是建立在这个概念之上的，但只是在最近一段时期内才有一些公司开始考虑到不同类型的总经理工作需要不同的人选。[19]这在某种程度上是因为管理研究者和学者很少把"匹配度"概念系统地应用到高层管理工作中。[20]

而造成不匹配最通常的原因是，当公司不得不找一个人来负责这项工作时，整个候选人名单里面却没有一个理想的人选。也就是说，即使做决定的人希望能够找到一个个人品质能够与该总经理职位完全匹配的人选，但是他们却无法做到这一点。当他们找不到理想的人选时，企业通常会采取两种可能的措施。第一种措施是从现有的候选人里面找出一个虽不完美但仍是最佳人选的人担任该职务，或者他们不考虑现有的所有候选人，而在公司内部选择一个新进员工，并给他一个大幅度的提升（提升到一个有些超出他现有能力范围的职位）。有一些公司习惯于把新进员工一次又一次地迅速提升到与他们并不匹配的职位上。如此之快地提升这些员工意味着对他们来说，要获取相应的技能、知识和个人关系网络以满足持续加重的工作需求将非常困难。由此导致的结果是，他们不得不在工作中一次又一次地"踩油门"，而这通常意味着工作时间越来越长，家庭生活和业余活动时间越来越少，并且压力越来越大。[21]当这种情况持续太久时，这些人便开始显露"精力耗尽"的迹象。

在规模很小的公司里，因为人力资源并不丰富进而使得候选人极少，你就不难发现为什么决策者在选择总经理时会有麻烦。但是，对于那些本应为选择太多而感到棘手的大企业而言，要了解为什么它们也会有"管理人才短缺"的问题将会困难得多。如果我们回顾前面，或许可以从中找到最合理的解释，那就是一位总经理要在自己的职位上表现出色，必须拥有某些个人特质，而这些特质的形成却是一个长期而复杂的过程。除非企业非常注重对这个过程的管理，否则没有理由在一家大规模的企业里就一定可以找到许多具备合格品质的总经理人选。实际上，本研究调查过的那些企业里没有一家在极为努力地从事或对这一培育过程进行系统管理。

小结与讨论

绝大部分人，包括这些总经理他们自己，都把"专家"视为专注于某个职能领域（会计师、金融、工程以及其他类似的领域）工作的人。这些总经理并非把自己看作专家，而看作最广泛意义上的通才。同样，他们当中很多人都认为自己可以胜任其他公司、其他行业甚至是政府部门的综合管理工作。许多管理者以及学者显然和他们持相同的看法，他们相信优秀的"职业"经理人能够管理任何事情。[22] 很少有人提出过和本研究结论相一致的观点。

此外，对未来趋势的分析表明，没有任何迹象表明总经理工作的专业化程度正在减弱。这不是说总经理职位人选的类型没有发生变化——事实正好相反。就像本章前面一部分介绍的那样，年轻一代与年长一代的总经理在许多方面呈现出极大的差异，这些差异反映了过去30年所发生的社会与经济的基本变革。然而，在各个企业以及各个行业之间的管理人员流动方面，我们找不到两代总经理之间存在任何的差异。他们在各自职业生涯90%的时间内都从事一个行业，而在80%的时间内都服务于同一家公司。同样，对于图3-1和图3-3所列举的其他那些项目，他们同样不存在多少差异。

　　一个人是否只适合某种特定的总经理工作类型，对此我们无法断定，但事实确实表明即使是在有限的综合管理工作领域，绝大部分总经理也无法处处胜任。差异是重要的，匹配是必需的。专业化，是一个具有很长历史的概念，看起来确实是"放之四海而皆准的规则"。

　　这些发现为传统的"先天论"或"后天论"之争提供了有趣的启示。它们表明这两个观点严格来说都不成立。"先天论"的观点通常断定一个人的成功取决于他出生的环境，而"后天论"观点则认为一个人成功与否取决于他所经历的事情，而这些事情与他出生的环境无关。通常，"后天论"观点的支持者认为一些独立的因素，比如教育经历、职场导师或者在其职业生涯早期一次幸运的突破，决定了一个人的成功。在这些成功经理人的案例中，实际情况似乎比其中任何一个观点都更为复杂。成功的总经理看起来既出生在一些有利的环境并被"先

天赋予"某些优秀的个人特质，又在数十年的历练中被
"后天塑造"。这当中没有任何一个事件本身独立起着最
为关键的作用，而应该是所有的环境因素综合起来，才
能够培养出这些总经理应对严苛工作需求的个人特质。

04

第 4 章

工作中的总经理（一）
行为共性

THE GENERAL MANAGERS

综合管理工作并没有指导任职者应该做些什么的指导书，即便存在对总经理岗位的工作描述，其也较为模糊且仅强调结果而非经营行为；各类管理文献也没有就此提供太多的指导。正如肯尼斯·安德鲁斯曾经指出的：

> 综合管理理论通常包括对计划、组织、整合、测度等管理职能的各种说道，而对于如何在具体的情况下行使这些职能却很少提及。[1]

尽管缺少对总经理工作的结构化理论和操作指导，尽管每位总经理所涉及的业务和产业存在各种差异，但本研究中总经理们的工作行为还是惊人的相似。他们在总经理工作中所采用的基本方法，甚至于他们每天时间的安排运用，都存在许多相同模式。

在当今"管理科学"的时代里，总经理们这些共同的行为方式看似令人难以置信的"非专业化"。也就是说，本研究中的总经理们在运用他们的特殊资产应对各种严苛的工作要求上，与一个接受过战略规划系统、时间管理、管理信息系统或组织设计等正规教育的学生所想象的不同，他们表现出更少的系统性而有更多的随意性，更少的深思熟虑而有更多的临时应对，更少的周密组织而有更多的轻率随意。然而，这样的行为方式在实践中却十分行之有效。所有能够获得的测试结果一致表明，这些总经理的工作要么一般或良好，要么优异（参见附录 E）。

本章我们将首先对这些总经理开展工作的共同方式进行描述，然后我们将考察他们日常工作行为中的相似之处。[2]本章将要探讨的是这些总经理采取这种行为方式的原因，以及这种行为方式产生良好绩效的理由。

本章的主题可以归纳为上段所述。那些起初看来似乎是无效、非管理逻辑的或是无法进行理论解释的总经理工作行为，当与我们对总经理工作要求的实质及在职者人员类型的讨论相联系时，就显得完全不同了。实际上，本章对总经理行为的探讨与前面章节的讨论有着直接的逻辑顺承关系。

方式方法

本研究中的所有总经理都以大致相同的方式着手处理他们的工作。在工作的初始时期，他们同时将重点放在为业务设订计划并努力建立完成这些计划所需的资源网络。当计划和资源网络构建基本完成时，他们全力以赴地确保所设定的工作计划能够通过所建立的资源网络得到落实执行。

设定计划

总经理在开始他们的工作时，通常总是凭借自己所掌握的相关业务知识和对开展这些业务所需完成事宜的直觉，但几乎没有人心里有一个关于工作开展的清晰计划。他们也很少为他们的业务或组织设定过多的目标、策略和计划。但是在上任后的 6 个月到 1 年的这段时间里，他们的大部分活动放在计划设定上，之后他们用更短的时间对其进行更新。

这些总经理建立的工作计划通常由一系列关乎他们长、中、短期职责的松散目标和计划组成。因此，这些工作计划通常会涉及财务、产品或市场和组织等各类宽泛的事项。这些工作计划也包括模糊的和非常详细的事项。图 4-1 对典型的工作计划内容进行了归纳总结。

例如，鲍勃·安德森的工作安排就包括了以下各项事宜：指导安装一套新型计算机系统，对其组织的一部分机构进行调整，进一步建立并完善下属团队，应对即将开始的国家劳工关系委员会（NLRB）选举，达成公司季度销售或利润目标，落实直管部门的各项年度计划目标，通过兼并实现企业规模的扩张等。这些事项的安排都是基于一些涵盖性较强的产值、收入和市场份额目标基础上的，安德森认为这些目标在 5 年内可以达成。

关键问题

时间跨度		财务类	业务类(产品或市场)	组织类(人员)
	长期 (5~20年)	通常仅包含一个10年或20年的销售额或投资回报率(ROI)的模糊目标	通常仅仅是一个关于总经理打算开拓何种业务（产品或市场）的模糊概念	通常较为模糊，有时包括总经理想要的公司"类型"概念和管理才干
	中期 (1~5年)	通常包括未来5年的一系列相对具体的销售、收入及ROI目标	通常包括一些旨在促进业务增长的目标和计划，诸如： • 在1981年前引进3个新产品 • 在某领域挖掘收购兼并机会	通常包括一系列拟完成事项的简短列表，诸如： • 到1982年企业将需要一次重组 • 1981年前需要找到一个替代考瑞的人选
	短期 (0~12个月)	通常包括一个非常详细的季度或年度财务目标列表，涵盖销售额、支出、收入、ROI等所有财务指标	通常包括一系列总体目标和计划，目的在于改变： • 各种产品的市场份额 • 不同产品线的库存水平	通常包括一系列类似下面的事项： • 尽快找一个史密斯的代替者 • 使约翰斯尽快投入到一系列具有挑战性的5年规划目标中

图4-1　总经理典型的工作计划内容

虽然在我们所调查的组织中，除一家之外，其他都具备正式的规划流程，在这一流程中会形成书面文案，但总经理的工作计划（通常包括各种目标、优先权、策略和规划）都不是以文档的形式呈现的。这并不是说公司正式的规划与总经理的工作计划不一致，大体上它们反而是非常一致的。它们仅在三个方面存在差异：第一，正式的规划通常倾向于用详细的财务数据来表达，而总经理的工作计划，详细的财务数据较少，更多的是相关业务或组织的详细战略和规划；第二，正式的规划在时间上通常侧重于短期和中期（3个月～5年），总经理的工作计划则更多地落脚在更为宽泛的时间跨度内，包括近期（1～30 天）和远期（5～20 年）；第三，正式的计划通常更为清晰、严密、逻辑性强，尤其注重各类财务指标如何相互结合一致，而总经理的工作计划则通常包括的是那些没有明显联结关系的目标和规划列表。

例如，有位总经理有一份大约 2.5 厘米厚的 5 年规划书。该规划 90% 以上的内容是由各类财务数据组成的：由产品线所预测的销售额，由各部门和下级部门提供的资金费用预算，等等。通过与这一经理的长时间交谈，我了解到他自己的工作计划和这份 5 年规划至少在以下几个重要的方面存有差异。第一，尽管他无法清楚地解释出原因，但他对公司两条产品线销售额的预期并不像那份规划所预测的那么乐观。第二，他对其中一条产品线的预测要比规划中的更乐观。第三，他估计在 3 年之内有一条产品线可能不得不被放弃（他所预计的有些事宜并没有写入规划）。如果事态正如预期的那样，他考虑在两年之内必须在后备的 3 种替代产品中做出选择。第四，他预计在两年内他的一个直接下属将升到公司管理层岗位，并计划在 12 个月内将另一位业绩不理想的下属调离他的公司。所有这些都没有写入规划。第五，他预计为了与业务的增长和变化相吻合，未来 5 年内他的公司需要一次彻底的重组，而重组行动在规划中也是只字未提。

这些工作计划设定流程若没有在总经理上任之前启动，那就将在上任之后立即启动起来。总经理们依靠掌握的业务和组织的相关知识，加上每天获得的新信息，快速地拟订出大致的工作计划。通常，这种较粗略的工作计划所包含的是一系列极为松散且不甚完善的目标，以及一些特定的战略和规划。之后，随着时间的推移，在收集到越来越多的信息的过程中，该工作计划逐渐得到完善并越发趋向周密。

本研究中的 4 位总经理——查克·盖恩斯、斯帕克思曼、约翰·科恩和约翰·汤普森，我拜访他们时，刚刚上任。在为了设定计划而收集信息的过程中，这些总经理很大程度上都依赖于与他人的讨论，而不是依靠从图书、杂志或是报告中获取所需信息。那些人都与总经理有个人联系，但不一定非得是在"相应"职位上或具有"相应"职能的人（诸如计划职能部门的人员）。总经理们通过不断地提问获取信息，这种提问日复一日，而并不是只在"计划讨论会"期间进行。同时，他们基于所掌握的业务和组织的相关知识（及全面管理知识）进行针对性提问，而不是漫无目的地问些宽泛和笼统的问题。这样，每位总经理在工作当中都掌握了有效的方法，即通过提出关键性的问题来获取计划设定所需的有价值信息。

例如，我就曾看到有位总经理运用作为行业协会主席所建立起来的关系网络，对考虑合作的两家竞争性设备供应商的优劣实力情况进行了解，以便决策。我还得知其他总经理通常通过与低他两三级的人员进行交谈的方式，来了解自己所掌控的某一单元的生产运营事宜和人事问题。我还看到另外一位总经理通过与其他部门的朋友和同事的交谈，来了解公司时下的重要优先事项。在某些事例里，如果他们不进行解释，我甚至无法理解这些总经理所提出的问题的含义，其原因在于我缺乏对特定的产品、客户、竞争对手、财务、人员、技术、管理体系或公司历史等方面的足够理解与认识，而总经理所交谈的对象对这些方面是相当熟悉的。尽管单次得到的回答并不总是能够提供新的或是重要的信息，但长此以往，经过一段时间以后，积累下来的新的且有用的信息数量是相当可观的。

利用这些信息，总经理们在进行工作计划的设定决策上，显得既意识清晰（或者说具有完备的分析），又有些下意识（或者说出自主观直觉）。实际上，总经理的工作计划设定及修正的过程存在于他们的头脑当中（有意识或无意识的），并持续进行完善。

在一个典型的事例中，本研究中的一位总经理在参加了一系列关于公司存货管理问题的会议后，决定不得不降低 12 月份的存货水平目标，同时他对在上半年的某个合适的时机对某一管理人员进行调换的想法做了慎重考虑。但在会上他对这些只字未提，与会人员没有一个人知道他内心所想的一切。即便是他本人，也对第二个决定无所察觉，这种决策是一种下意识的决定。那天晚上，当我与这位总经理谈论当天的会议时，他对调任一事也只字未提，只是我们谈话快要结束时，他才说："我想我当时已经决定准备将菲利调下来。"当我问及原因时，他却很难给出理由。

在选择进入工作计划的项目或任务时，总经理们倾向于寻找那些能够同时达成多项目标，与其他目标和计划相互关联且他们有权力主导实施的机会。那些看起来"重要"或"符合逻辑"但并不符合以上标准的项目或任务都将被放弃，或至少会遭到总经理们的抵制。

例如，在我拜访汤姆·朗期间，他的一名下属两次找机会试图与他讨论一个自己热衷的项目。但两次交谈中，汤姆都故意将话题岔开。后来汤姆告诉我，以他的判断，这个项目不会对他们的主要目标做出多少贡献，即便表面听起来好像很好。更进一步，他说："该项目会需要投入大量的时间和精力加以实施。"

同时能够满足多个目标的项目，一个典型例子是查

克·盖恩斯的"公路巡展"行动。在接任总经理工作后
不久，盖恩斯决定为他的经销商举办一个重要的展览，
并计划随展漫游国内 8 个大城市。该项目虽然耗资巨大，
但主要是由承包商们来发起和执行，因此几乎无须公司
内部多少工作。该项目帮助盖恩斯完成了以下目标：

- 在适当的时机给经销商们鼓舞了士气，因为近期
  该行业不是十分景气。
- 使得盖恩斯有机会在较为友好的氛围中与经销商
  会见并建立伙伴关系。
- 为盖恩斯赢得机会向经销商表明公司新的发展方向。
- 为盖恩斯创造了机会直接去影响并说服少数关键
  经销商根据公司需要改变以往的经营方式。
- 给予公司员工机会向经销商展示一些新产品。

寻找此类项目的关键在很大程度上取决于对机时的
把握。一个明显会成功的项目如果选择实施的时机过
早或过晚，常常完成不了几个目标，并且在实施执行上
也存在很大困难。总经理们都承认没有什么项目或活
动总是绝对好的，关键的是在适当的时间找到适当的
项目。

图 4-2 总结了总经理的整个计划设定流程。尽管这
些模式还尚未得到当今管理学的传统理论广泛认同，但

其他研究结果同样表明，总经理和其他高级管理者（并不是本研究中的那些）确实在运用这一流程开展工作。[3]

本研究中的绝大多数总经理都按照图 4-2 的描述开展工作，但业绩优异的总经理做得更好、更富有技巧性。例如，优异的总经理是基于长时间跨度和广业务范畴的经营战略而设定工作计划的，他们通过更为主动地从他处搜寻信息（包括负面消息），通过更富技巧性地提问，以及通过更加成功地找寻到能够有助于一次性完成多个目标的项目来做到这些。

Ⅰ. 内容：总经理所设定的工作计划
- 基于（明显或隐含的）经营战略，表现为联系松散的目标和计划
- 与总经理职责中的长、中、短期职责相适应
- 包括范围宽泛的各类经营问题（如产品、财务、营销、人事等方面的问题）
- 同时包括模糊和清晰的目标与计划，也包括为他人和为自己设定的目标与计划
- 大部分都没有形成书面形式
- 与正式的规划文本相联系但不完全相同

Ⅱ. 流程：总经理设定工作计划时
- 积极主动地收集信息（多数信息都是从他们已经建立了关系的人员处获取）
- 向这些人员提出前后富有逻辑顺承关系的问题（不只是在正式的规划会议上）
- 利用他们现有的业务和管理知识作为辅助来引导提问
- 通过有意识的思考或分析以及下意识或主观直觉（尤其是后者）来做出选择
- 寻找那些能够有助于一次性完成多个目标且有执行权限的特定项目和活动
- 以一种持续和渐进的方式完成以上工作，该工作通常在上任伊始的6～12 个月里最为耗时

图 4-2 计划设定

工作关系网络构建

除了设定工作计划之外，上任初期的所有总经理都投入大量的时间和精力与完成计划所需要的人建立合作关系网络，甚至是在任职半年后，构建关系网络的活动仍会占用总经理大量的时间；但从总体来讲，接任总经理工作的最初几个月里，该活动最为紧张耗时。在那之后，总经理的注意力将逐渐转移至运用关系网络执行计划和动态更新计划上面。

正如我个人观察和听人描述的那样，这种关系网络构建活动的重点并不是为了指挥下属。总经理构建的合作网络涉及的人员包括同事、外界人员、上级的上级及下属的下属。实际上，总经理与那些他们认为其工作有助于完成他们计划的所有人都建立起合作关系网络。也就是说，正如他们设定的计划虽然总体上与正式规划文本相一致，但又不尽相同，他们所构建的工作关系网络也在总体上与正式的组织结构相一致，但又不尽相同。

总经理所构建的关系网络通常涉及成百上千人。一个典型总经理的关系网络相当广泛，以至于我无法对任何一个进行详细描述。图 4-3 对这种关系网络进行了归纳概括。

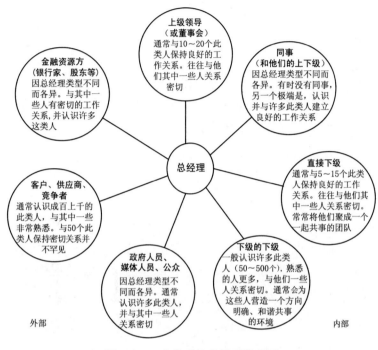

图 4-3　一个典型的总经理关系网

　　在这些大型关系网络里，各种关系的性质显然在程度和基础上各有不同。一些关系比另一些要牢靠坚固得多，一些比另一些更为个人化等。实际上，在某种程度上，在同一个关系网络里的每种关系都不相同，这是因为每种关系都有自己独特的历史背景，同时它们是建立在独特的人群之间的，还有诸如此类的其他原因。

　　例如，对斯帕克思曼的工作网络可以做如下简要描

述。他与他的 4 位上级主管都有着良好的工作关系，与
其中 1 位保持着密切的师生关系。他与同事保持着真诚
友好的关系，其中一些是他的朋友，所有同事都了解他
的职业历程并知道他与掌握该公司的 3 位老总之一有着
良好的师生关系。同时，借助他在公司的声誉，他与许
多同事的下属（上百人）保持着良好的工作关系。除一
人外，斯帕克思曼与他主要的几个直接下属都保持着密
切且稳固的工作关系，之所以这样是因为这些人尊重
他，因为他是上级主管，还因为是他把其中一些人提拔
到目前的职位上的。这些人相互间也保持着牢固的合作
关系（他们自认为是一个团队）。至少有一位直接下属将
斯帕克思曼当作良师益友，与他关系十分密切。如果仅
以能叫得出名字来衡量的话，斯帕克思曼也算得上是认
识绝大多数下属的下属，基于他的个人声誉、他的上级
领导身份以及他尊重他们、公正地对待他们的事实，他
与他们也保持着良好的工作关系。在企业外部，斯帕克
思曼与许多重要客户的高层管理者保持着相当牢固的关
系。总体上，这些人似乎感受到了斯帕克思曼那极具个
性的工作能力和迷人魅力。他同时也与当地社区的许多
重要人物有着的良好关系，这些关系是他通过参加各种
公众活动、慈善募捐等类似公共活动建立起来的。这些
社会人士将斯帕克思曼视为良好公民和极好的资源提供

者（如募捐钱物等）。

在选择建立合作关系的对象时，总经理选择的人都是他们认为对自己实施计划有帮助的人。他们认为自己的工作对哪类人或群体依靠性越大，他们就越是倾向于与哪类人或群体建立更为牢固的关系。

弗兰克·菲罗诺就是这方面非常典型的例子。当我初次接触他时，他上任才7个月。我在他那的3天时间里，他在与一个下属的下属和一个外部供应商建立和维系关系上花费的时间，要远多于他用在两个直接下属身上的时间。每种情况都反映出了从他角度思考的一种判断，这种判断的标准就是这些人对他的工作和近期计划完成的重要程度。正如他告诉我的那样：

> 拉尔夫（Ralph，他的一位下属）不会追随我多久了……不幸的是，乔治（George，他的另一位下属）工作贡献有限……而菲尔（Phil，他下属的下属）具有承担更多责任的巨大潜能并且业绩优秀……我认识大卫（David，外部供应商）已经多年了，他多次帮助我。我希望今后他将一如既往地给予我工作上的帮助。

总经理在建立这些合作关系网时大都运用各种面对面的方式。他们通过施予恩惠或强调正式关系，力图使他人感到对其有无法推却的职责和义务。他们促使他人认同他们。他们精心地呵护着自己在他人眼中的职业声誉。这些总经理们甚至故意策划来使他人感到他们需要总经理来获取所需的资源或职位晋升等其他类似支撑。

例如，在我对这些总经理进行访谈期间，我观察到一些总经理，诸如保罗·杰克逊，通过开诚布公的方式与他人（包括我在内）建立关系；另外一些人则通过将办公室装饰得温馨或威严来辅助各种关系的建立；还有些人通过将自己过人的领袖气质表现得淋漓尽致来吸引他人进而构建关系网络；几乎所有的总经理都极具技巧性地不时向他人施以小恩小惠，这样做花费不了多少钱，却能够让受惠者感恩戴德。

虽然所有的总经理实际上都在运用这些方式方法来建立工作关系网络，但没有一个人把这些方法讲在明处。在某些情况下，我确定他们也不是十分清楚他们是怎样建立和维护这些关系的；而在另外一些情况下，我猜测他们明白有些事还是不说出来为好。

除了与现职人员建立工作关系外，总经理们还经常通过调任、聘任及解雇下属等方式来开发他们的关系网络。总体来讲，他们这样做完全是为了增强他们的执行能力。丹·唐纳休就是这方面的典型。在上任后不久，他就调离了两个关键的下属，因为他觉得其中一个不胜任现职工作，另一个由于没有得到该总经理职位而情绪低落、无心工作。他同时也为了加强销售部门而调任了几个低层的销售管理人员。

通过同样的方式，总经理会更换供应商和银行家，游说各类所需人员进入自己的关系网络，甚至为了与能够提供所需资源的人群加强联系，会改组他们的公司董事会。

此外，总经理有时会通过努力与处于网络不同部分的人员建立特定的关系来完善自己的关系网络。也就是说，为了使他们的工作计划能够得到有效执行实施，他们努力营造必需且适宜的"环境氛围"（适当的规则和价值观）。在该环境氛围中，人们主动而努力地完成总经理设定的工作计划，并通力合作。尽管总经理有时试图为同事、上级和外界人士营造出这种环境氛围，但多数情况下还是为下属。

为了营造出能够使下属更好工作的环境氛围，总经理们采用了各种不同的手段。例如，杰拉尔德·艾伦和鲍勃·安德森两人都采用了目标管理（MBO）制度体系；另一些人，诸如理查德·波林，则为了突出他们认为的最重要的措施而对原有的正式汇报体系加以改变，并建立起之前没有的绩效衡量系统；还有些人对组织结构进行了实质性的转换；而像理查德·帕玻利斯等人则有意识地经营着自己组织的"企业文化"。同样，一些总经理通过身先士卒的榜样作用来影响环境氛围的营造，借以传递出什么是他们所希望和不希望看到的行为的信息。换言之，他们在营造他们想要的环境氛围时，对诸如计划流程、组织结构和控制体系等正式的管理工具与更多的非正式方法同时加以运用。

理查德·波林和理查德·帕玻利斯，他们的业绩评价属优异等级（参见附录 E），在营造工作环境氛围方面尤其积极和成功。例如，理查德·波林在组织里所营造出的环境氛围被形容为"团队协作""目标清楚""良好授权""精英领导""非常理性""目标导向""不搞个人崇拜"及"没有派系斗争"。他之所以能营造出这样的环境氛围，主要在于其以身作则，并对按照他所期望的方式开展工作的人加以奖赏和鼓励，将那些一意孤行的人驱除出组织。

图 4-4 归纳总结了本研究中的总经理建立工作关系网络的整体流程。尽管目前尚无法从其他处找到大量的支撑性资料，但某些与本研究这里的发现相一致的研究成果确实存在。[4]

I. **内容**：总经理所建立的合作关系网络
  - 包含成百上千的人
  - 包括下属、下属的下属、上级、同事，以及诸如客户、供应商、媒体人员及银行家之类的外界人士
  - 与正式的组织结构不同
  - 包括不同类型和不同紧密程度的各种关系
  - 与下属通常保持着非常稳固的关系

II. **流程**：总经理建立关系网络通过
  - 侧重于他们认为可以依赖的或有助于完成近期计划的人群
  - 使他人感到对其负有责任和义务
  - 鼓励他人与其达成共识
  - 在他人眼中树立起自己的形象和声誉
  - 使他人对其有信任感
  - 替换或调离不胜任工作的下属
  - 适时更换供应商、银行家或其他外界人士
  - 同时运用正式的管理工具（如计划流程、组织结构、控制系统）和更多的非正式手段营造出一种"环境氛围"（尤其是在下属当中），以此促进团队协作，简化政策措施等

图 4-4　工作关系网络构建

与工作计划设定的情形一样，几乎所有的总经理都像图 4-4 中描述的那样构建他们的工作关系网络，但业绩表现优异的总经理做得更好，更富有技巧性。例如，优异的总经理与大量精英人士建立关系，并与他们的下属保持着稳固的联系。他们通过运用大量的技巧性方式方法做到这些。相对而言，业绩表现一般的总经理则倾向于依靠较少的网络构建方法，行动上也不十分主动，并且其建立关系网络的流程相对松散薄弱。

执行：运用关系网络实施工作计划

在建立起工作关系网络并设定完工作计划之后，本

研究中的总经理们便将注意力转移至运用这些网络来实施他们的计划上。他们通过结合自己的人际关系技巧、预算的资源和信息来运用这些关系网络，以各种直接或间接的途径达到影响他人的目的。

在实施工作计划期间，总经理们倾向于运用所有的关系网络来获得帮助，他们从不吝惜对直接下属的指导，并不遗余力地对上司施以影响。只要需要，他们就会运用所有的关系网络。在我进行调研期间，我曾目睹他们中间一些人为了能够顺利完成工作任务，将公司内的同事、公司总部人员、低于他们三四个级别的下属、高于他们两三个级别的上级、供应商、客户，甚至是竞争对手作为他运用关系所求助的对象。没有哪类人是没有被派上用场的。每种情形里的基本模式都大致相同：

- 总经理试图对其工作计划中的某些项目采取行动，因为他觉得如果没有他的积极干预，这些工作将无法有效完成。
- 他所接触的人对工作的完成有极大帮助，通常这些人是唯一的。
- 他所接触的那些人都是其关系网络中的一部分。
- 对于所要求助的人和所要采用的方法的选择标准，是看其能否一次性达成多个目标，并且同时不会对网络中的重要关系产生负面影响。

　　本研究中的总经理，尤其是那些业绩优异的，从不浪费时间与精力对原本不需要的工作进行干涉，他们赋予有能力完成工作的人足够的自主权去开展工作。他们所积极投身的工作，都是那些他们认为如果没有自己的帮助就无法有效完成的工作。他们选择执行策略的标准是既能够同时完成多个项目标，又对其关系网络产生最小的影响。（总经理拒绝职员或顾问人员建议的最常见的原因，可能就是他们认为该建议对其计划的价值要小于它所要耗费的有限关系的价值。）

　　在成功地接近他人后，总经理通常仅仅通过请求或建议他们去做某事来对他们产生影响，因为总经理们知道，由于相互间关系的存在，这些人会尽力去做的。在某些情况下，根据所要解决的问题和所要运用的关系的性质，总经理们也会运用所掌握的知识和信息来说服他人。在另外一些情况下，他们有时也会用可获得的一些资源与他人达成交易。偶尔，他们甚至会诉诸胁迫和高压手段（例如，查克·盖恩斯为了让总部人员按照他的请求行事，使用的就是极为强硬的口气，甚至到了谩骂的程度，且从不放弃）。多数读者都将会了解到所有他们使用的这些直接施加影响的方式方法。[5]

　　总经理们还经常动用他们的关系网络获得对他人的间接影响，包括那些并不在其关系网络之内的人。在某些情况中，总经理会说服一个在其关系网络当中的人去影响不在网络内的人采取某些需要的行动。更为间接的是，总经理有时会通过接触大量不同的人群，要求他们采取某些行动，而这些行动能够间接地对某一个人（或某个群体）产生影响。

也许有关间接影响最为常见的例子就是"导演"某类事件。典型的情况是，总经理会发起会议，并通过选择与会人员、会议议程的安排和他自己是否出席会议等来影响他人。例如，鲍勃·安德森每周与他的每一个下属进行一次一对一的会晤。会晤议程通常是一样的：①回顾上周完成和未完成的工作；②为下周工作设定优先级和工作目标。这样的会晤议程能够引导下属按照他的思路开展后续工作。同样，汤姆·朗会通过一系列会议活动来达到影响他人的效果。这些活动包括定期召开例会，用简明的语言对会上人们承诺的事情做出总结，会后公布写有这些工作承诺的会议备忘录以及在下次会议召开时对该备忘录所记载的事宜进行回顾检查。总体来说，许多总经理都是通过积极主动的"跟催式"管理来推进工作完成的。

与直接影响不同，总经理们通过运用象征性的方法来获得更多的间接影响。也就是说，他们使用会议、组织设计、语言、关于组织的故事以及时间和空间作为象征，来达到间接地传递信息的目的。本章前面提到的查克·盖恩斯的"公路巡展"就是这方面一个很好的且略带戏剧性的例子。为了能够以某些重要的方式影响他的经销商，盖恩斯设计了一个持续一天的展销宣传活动，并在全国8大城市依次开展。这一整天的活动包括两三个小时的百老汇式的演出，演出中有专业演员、精心构思的台词和精致华丽的舞台。展会上所有与产品生产相关的物件都象征着企业的繁荣景象，其间传达的信息是：前景一片辉煌，现在是拓展你事业的大好时机。当然，这些信息完全可以依靠更加直接（且廉价）的商业宣传单和电话联系来传递，但所产生的效果就远不能与此相比了。

　　图4-5归纳总结了计划执行的整体模式。本研究中所有的总经理都像图4-5中所总结的那样来执行他们的工作计划，但业绩优异的总经理做得更好、更富有技巧性。业绩优异的总经理可以通过运用宽泛的影响策略来调动更多的人来做更多的事。业绩优异的总经理可以娴熟地在面对面的交流沟通中通过请求、鼓励、诱导、表扬、奖励、要求、操纵等方式来驱动他人。相对于其他人来讲，他们也更倾向于主动地依赖间接影响手段。相对而言，那些业绩表现一般的总经理则倾向于依靠较少的影响技巧，在运用上也缺乏谋划考量。

跟前面一样，这类工作行为在一些管理文献中曾经出现过并被加以讨论，但大都没有深入展开。[6]

I. 在选择进行什么行动时，总经理
- 在工作计划中选择那些关系网络尚未积极有效参与的待完成项目
- 在关系网络中选择那些能够帮助将所选择的项目付诸实施的人
- 选择一种影响他人且能够一次性完成多个目标的方法途径
- 选择一种对网络中关键关系负面影响最小的方法途径

II. 在影响他人的行为上，总经理通过
- 直接方式：接触能够对某些计划项目起到帮助作用的关系网络成员，并动用他们的关系凭借请求、要求、诱导、逼迫等手段对此人施加影响
- 间接方式：设计一项或一系列事件，直接影响大量间接人群，以时间、空间、会议、组织结构、言语和故事作为象征物

图 4-5 执行：运用关系网络实施计划

采取这些基本方式的潜在原因

本研究中总经理们工作中所采用的方式方法与本书前两章所论述的内容有着直接的顺承关系，尤其是第 2 章。在第 2 章中，我们看到综合管理工作使任职者身陷两个基本困境：

- 尽管存在不确定性、极大的多样性以及大量的相关潜在信息，但必须对要做什么做出明确判断。

- 必须依靠大量且多样的人完成相关工作，尽管对这些人中的绝大多数并没有直接管理权限。

由于总经理工作本身具有这些两难的困境，总经理

根本无法以一种聚焦于正式规划、下属职责结构及其他相类似的途径（见图4-6）来简单、直接且非常规范地运用"计划、人事和组织、领导和控制"等一系列管理职能所构成的方式方法来进行工作。任何一个总经理一定会采取与本研究中的这些总经理相同或相似的工作方式方法来开展工作，否则他将面临失败的厄运。

对传统管理职能的影响	工作自身内在的困境	
	尽管存在不确定性、极大的多样性以及大量的相关潜在信息，但必须对要做什么做出明确判断	必须依靠大量且多样的人完成相关工作，尽管对这些人中的绝大多数并没有直接管理权限
计划	在那样的环境下很难将计划做好，需要大量的时间和精力，而不仅仅是每年召开的一系列会议，需要一个信息系统来排除无用信息、聚焦于必要的数据	计划工作的完成不能以加重已经非常困难的人际交往环境为代价，因此，总经理对其所写所说都必须小心斟酌
人事和组织	某些合理的计划或蓝图十分必要，因为如果没有这些，就形不成"人事和组织"职能的理性基础	总经理完成工作所需要的资源还包括其直接下属之外的许多人员。因此，某些"人事和组织"活动必须要针对许多非下属人员，并必须要大量依靠正式的人事和组织程序之外的许多方法途径
领导和控制	某些合理的计划或蓝图十分必要，因为如果没有这些，就不可能在无限的可能性当中正确引导人们的注意力，总经理也不会知道去领导和控制些什么	与总经理开展工作所依靠的这些资源建立起牢固的合作关系十分必要，否则将无法实施"领导"或"控制"

图 4-6　总经理工作的性质对计划、人事和组织、领导和控制等传统管理职能的影响

计划设定流程背后的力量

由于总经理工作职位自身固有的决策要求，一些方案、规划或计划在传统管理思想中是绝对需要给出原因的。但是，由于决策制定工作所包含的复杂和不确定因素，正式的规划很难切实奏效。与相对常规的日常事务性工作不同，决策制定工作通常不可能做出合理预测并基于此形成完善的计划。同时，想了解哪些信息是所需要的及怎样才能获取这些信息也是非常困难的，所涉及的相关潜在信息的数量也相当大。

此外，正规系统的规划工作有可能加重执行的困境。正如特里·富兰克林所告诉我的：

> 正式规划的问题之一在于它会使人们关注有条件的选择和这些选择对公司特别是对他们自己所带来的影响。这将导致冲突和政系派别性活动，进而对组织造成极大伤害。由于文本规划的"法规性"特性，也可能会产生另一问题，即人们期望的僵化。人们是基于这些期望设定计划并开展工作的，如果外部环境发生变化，这些工作计划就必须进行相应的改变，而僵化的期望将使人们对变革产生巨大的抵制心理。千万别误解我的意思，我并不是说正式规划不好或没有必要，

恰恰相反，它是绝对必要的。但仅有正式计划本身是远远不够的，你必须细心关注到底哪些东西应该进入计划。

换言之，正是总经理工作的这种特性本身要求了与本文所讨论的计划设定流程相似的东西。更进一步，根据本书最后一章的论述和认知心理学的观点[7]，总经理似乎非常适合运作这样的流程。他们不仅具有相关知识和关系来开展该流程，而且具有智力和人际交往技巧来成功地执行该流程。

构建关系网络流程背后的力量

总经理工作将任职者置于一个需要依靠许多其并没有直接管理权限的人来开展工作的职位上。在这种情况下，建立、维系和优化一个非正式的关系网络将显得十分必要。如果没有这样的网络，出色完成工作（执行计划）将是不可能的。当你并非处于一个强有力的地位时，这种工作关系网络将赋予你极大的力量。

此外，由于总经理工作本身所具有的职责复杂性，这种关系网络对计划设定同样是相当必要的。从某种意义上讲，这些总经理建立起的关系网络就是一个令人难以置信的信息处理系统。该系统使得总经理能够随时与其工作职责保持紧密的同步联系，这种方式是任何正式

的或基于机器的信息处理系统所无法做到的。这些关系
网络能够对大量信息进行过滤，并将对于计划设定极为
重要的信息传递给总经理。

就关系网络构建的流程而言，由于该项工作涉及范
围广且难度大，总经理采用的方式方法也许是唯一可行
的。如果关系网络构建涉及的人员较少，构建的时间也
相对充裕，总经理则可能无须采用这些不是很直接、更
为强制、更具操纵性及更加费时的方法就可以建立起一
个完善的关系网络。但所有这些假设都不是当今总经理
工作的实际情况。

尽管有些人可能既不具备这些技巧也没有意愿去做
这些，但本书第 3 章所论述的内容表明所有的总经理却
两样兼备。他们拥有人际交往技巧和强大的意愿动机，
两样都是十分必要的。换言之，就像计划设定一样，该
工作要求一个关系网络构建流程，并且所有总经理都具
备构建关系网络的技巧和愿意。

执行流程背后的力量

根据总经理进行计划设定和关系网络构建的途径与
总经理工作性质的要求，执行流程所遵循的是一个极为
直接的方式。当已经建立起能够执行他们所设定计划的
关系网络后，总经理对计划执行实施工作极有把握就不

足为奇了。而当计划中的某些事项没有被关系网络启动，或处理的效率低下时，总经理将进行人为干涉以改变这种情况也自然就在情理之中了。鉴于总经理的工作性质，"干涉"实际上意味着对他人施加影响。依照总经理所在环境的范围及复杂性，总经理将被迫依赖其关系上的力量和人际交往技巧来实现对他人的影响，同时他更加需要采取更为多样化的直接或间接方法，这一点也显然合情合理。由于总经理工作所要求的施加影响的总量，逻辑上总经理将寻求更富效率的工作方式，诸如选择能够一次性完成多个目标的方法。最后，依据关系网络的组成及建立和维护该网络所需要的时间，一个业绩优异的总经理将十分小心地避免在执行计划过程中损害网络中重要的关系，这一点也是十分明显的。

在一个较为确定且相互独立的工作环境中，人们可以想象到一种计划执行的管理方式，该方式将与本研究中总经理们所采用的极为不同。这种方式将更加直接、更少迂回，并将采用更少的方法。但是总经理实际上所处的工作环境与这样的方式方法根本不相吻合。

该方式在日常工作行为中的印证

该方式在日常工作行为中自身印证的方式可以在我

近 4000 页的调研笔记中清晰地查找到。在大约两年的时间里，我花费了 500 多个小时对本研究中总经理的日常工作活动进行了实地观察，我观察他们开工上班、主持会议、出差、阅读信件、撰写备忘录，以及与许许多多的各类人员进行交流等一系列日常活动。这些笔记包含了 12 种关于他们每天怎样安排工作时间的明显模式。

安排工作时间的12种模式

本研究中几乎所有总经理的工作行为在许多方面都极为相似，并且相对易于观察。在总经理安排日常工作时间上存在 12 种模式，分别如下：

1. 他们多数时间用于与人交往。总经理单独工作的时间平均仅占整个工作时间的 24%，这些单独工作的时间往往是在家中、飞机上、长途差旅途中的办公。仅有两位总经理（弗兰克和波林）与人交往的时间少于总工作时间的 70%，多数总经理都花费了大量工作时间在与人交谈和聆听汇报上，少数人用于交往的时间超过 90%。

2. 除了直接下属和直接上级，他们所交往的对象还包括其他许多人。一个总经理与其下属的下属、上级的上级、客户或供应商或者是与其公司没有正式联系的外界人士进行交谈并不罕见。总经理们经常规律性地巡视于其正规命令链各环节之间，同时他们也规律性地会见相对不太重要的外界人士。

3. 他们与人交流的话题范围极为宽泛。总经理们从不将话题局限于计划、战略、人事及其他一些高层管理者所关注的事宜上面。在任何时间，他们会与他人讨论任何问题，甚至包括与其组织和业务并不相关的话题。

4. 在对话中，总经理们通常会提出一连串的问题。有时，在一个半小时的谈话中，一些总经理（像丹·唐纳休）会提出上百个问题。

5. 在对话中，总经理们很少会做出重大决定。我的学生们在模拟案例讨论中一天"做出"的重大决定，要比大多数总经理一个月做出的还要多。

6. 讨论中经常穿插大量的玩笑、逗趣和与工作无关的闲聊。幽默逗趣的对象通常是公司或行业中的其他人，其他与工作无关的话题则涉及员工的家庭、爱好或业余活动（如打高尔夫球的成绩等）。

7. 在这些会面里，有为数不少的会面涉及的许多问题相对于业务或组织来讲不是很重要，即总经理们有规律地从事着一些连他们自己都认为是在浪费时间的活动。

8.　在这些会面里，总经理们很少发出传统意义上的"命令"，即他们从不指手画脚地"告诉"人们应该如何去做。

9.　然而，总经理们总是努力去影响他人。但是与指手画脚式的"指挥"不同，他们往往通过请求、要求、诱导、说服及逼迫来影响他人。

10.　在与他人交谈的时间安排上，总经理们通常是以一种被动的方式应对的。一个典型的总经理工作日的大部分时间都不是提前计划安排好的，即便是那些提前计划好会议安排的总经理（如查克·盖恩斯、汤姆·朗、保罗·杰克逊等人），也通常是以花费大量时间来讨论不在会议安排之内的主题而结束一天的工作的。

11.　总经理与他人交往的多数时间都花费在简短且不连续的会谈上。对某一单一问题和事件的讨论很少有持续超过 10 分钟的，而在短短 5 分钟的交谈里涉及 10 个互不相关的主题也并不罕见。

12.　他们都长时间工作。所有 15 位总经理一周的平均工作时间刚刚低于 60 个小时（59 个小时），只有艾伦、汤普森、帕玻利斯三位总经理一周工作少于 55 个小时。尽管他们的部分工作是在家里、上班途中或出差途中完成的，但他们的大多数时间还是在办公地度过的。（这些总经理平均每个月仅出差 4.5 天，只有盖恩斯、马丁两位总经理每月出差多于 6 天。）

一个具体实例

下面是关于这些模式如何自我印证的一个实例，描述的是本研究中的一位总经理——迈克尔·理查森工作的一天。

7:35　他到达办公室（他家离办公室不远），打开公文包，喝点咖啡，开始罗列这一天要开展的工作内容。

7:40　他的一位下属杰里·布拉德肖（Jerry Bradshaw）来到他的办公室。布拉德肖的办公室就在右边隔壁。布拉德肖身兼两职，其中之一就是理查森的总经理助理。

7:45　布拉德肖与理查森随便地闲聊了一阵子，话题涉及面很广。理查森还向布拉德肖展示了他最近在避暑别墅家中照的几张照片。

8:00　布拉德肖与理查森讨论了当天的工作日程和优

先级。在此过程中，他们就许多与客户、其他
下属和供应商相关的事情和问题交换了意见。

8:20　另一位下属弗兰克·威尔逊（Frank Wilson）
　　　也来到办公室，他就人事问题提出了几个问题，
　　　然后就加入布拉德肖与理查森先前的讨论当中。
　　　他们的讨论简明直接，其间不时会开开玩笑。

8:30　理查森的上司弗莱德·霍利（Fred Holly）顺
　　　便来访，并也加入他们的对话当中。他还询问
　　　了 11:00 的一个约会，并提出了几个其他议题。

8:40　理查森离开办公室去喝些咖啡，霍利、布拉
　　　德肖、威尔逊则继续他们的谈话。

8:42　理查森回到办公室。一个下属的下属来到办公
　　　室并向理查森问好，其他三人则离开了办公室。

8:43　布拉德肖送来一份报告，向理查森做了简单
　　　的审阅说明后离去。

8:45　他的秘书来到办公室。他们就她新买的公寓
　　　闲聊了几句，并就上午晚些时候的一个会议安
　　　排进行了讨论。

8:49　他接了一个来自下属的电话，该下属是回他
　　　昨天的电话的。他们就理查森刚收到的报告进
　　　行了初步的交流。

8:55　他离开办公室去参加一个下属主持的工作例

会。与会者近 30 人。开会期间理查森阅读着
一些会议材料。

9:09　会议结束。理查森请一位与会者留下，简短
　　　地与他进行了交谈。

9:15　他来到一个下属（企业的法律顾问）的办公
　　　室，恰巧他的上司也在那里。他们一起就该顾
　　　问刚接到的一通电话的内容进行了磋商。三人
　　　都站着，他们就某问题可能引起的反应进行了
　　　估计讨论。和之前一样，他们的谈话快速而简
　　　短，不时也插入一些幽默笑话。

9:30　理查森回到自己的办公室会见另一家公司（一个
　　　潜在客户兼供应商）的副主席。与该公司相关联
　　　的另外一个人和理查森的一个下属的下属也参加
　　　了会见。这次会谈是坦率且真诚的，所谈内容甚
　　　多，从他们的产品一直到海外关系，无所不包。

9:50　来访者离去。理查森打开房间侧门，来到布
　　　拉德肖的办公室，问了他一个问题。

9:52　他的秘书送进来 5 份文件。

9:55　布拉德肖进来，问了一个关于某一客户的问
　　　题后离去。

9:58　弗兰克·威尔逊和其一个下属来到办公室。
　　　他交给理查森一份备忘录，然后三人开始就一

个重要的法律问题展开讨论。威尔逊不同意理
查森尝试性的决策，并要求他予以重新考虑。
他们反复讨论了 20 分钟，直到在下次行动上
达成了共识，并决定于明天上午 9:00 行动。

10:35　威尔逊他们离开后，理查森开始审阅桌上的
　　　　文件。他拿起其中的一份，打电话向上司的
　　　　秘书确认上一次董事会的准确时间，并要求
　　　　她对文件进行几处修正。

10:41　他的秘书拿着一张要慰问其一个生病朋友的卡
　　　　片进来要他签名，他写了一张纸条附在卡片上。

10:50　理查森接了一通电话，又继续审阅桌上的文件。

11:03　理查森的上司霍利来到办公室。在他们开始
　　　　谈话之前，理查森打了一通简短的电话。打
　　　　完电话，他告诉秘书他之前寄出的一封信件
　　　　对方没有收到，要她再寄一次。

11:05　霍利提出了几个问题，这时布拉德肖也来
　　　　到办公室，三人开始讨论杰瑞·菲利普斯
　　　　（Jerry Phillips），他已经成为公司人事上的一
　　　　个大难题。布拉德肖第一个发言，汇报了几
　　　　天来他就这一问题所做的各种努力。理查森、
　　　　霍利都就此提了几个问题。一会儿，理查森
　　　　开始做起笔记。这次交谈与往常一样，快速、

直截了当。他们力图对此问题定性，并对下一步工作进行计划。由于无法确定最佳解决方案，理查森就让谈话一直继续下去，围绕该问题反复磋商。最后，他们终于对下一步工作达成了一致意见。

12:00　理查森给自己和布拉德肖订了午餐。布拉德肖进来，并大体上浏览了 12 份项目表。威尔逊进来告诉他们自己已经按上午商量的意见开始去做了。

12:10　一位职员拿给理查森一些他要的统计资料。理查森向她道谢，并与她进行了简短而愉快的闲聊。

12:20　午餐送来了。理查森与布拉德肖来到会议室就餐。他们一边吃午饭，一边讨论着一些经营性和非经营性的问题。开开彼此的玩笑，大家都开怀大笑。午饭结束时，他们讨论的焦点落在一个极有潜力的客户上。

13:15　他们回到办公室，继续刚才关于那个客户的讨论。布拉德肖拿起了记事簿，他们仔细讨论了拟送给这位客户的礼物。讨论完毕，布拉德肖离开了办公室。

13:40　理查森伏案工作，浏览一本新近拟定的营销宣传手册。

13:50　布拉德肖又来到办公室，他们再次仔细讨论
　　　　了给那位客户送礼的其他细节事宜。

13:55　他的一位下属杰瑞·托马斯（Jerry Thomas）
　　　　走进办公室。托马斯负责安排下午需要理查
　　　　森出席的几个重要的表彰会议的议程。他们
　　　　简短地就每一项表彰活动交换了意见。

14:00　托马斯的一位下属弗莱德·雅各布（Fred
　　　　Jacobs）也来到办公室。托马斯主持会议，
　　　　他述说了弗莱德这一年里所获得的奖励及其
　　　　原因，然后他们三人就弗莱德未来一年中的
　　　　角度定位进行了讨论。他们总体上达成一致
　　　　后，弗莱德便离去。

14:30　约翰·金布尔（John Kimble）来到办公室。
　　　　与弗莱德同样的会晤过程再次上演。理查森
　　　　询问了许多问题，并不止一次对金布尔进行
　　　　表扬。会议以大家达成共识而结束。

15:00　乔治·休斯顿（George Houston）来到办公
　　　　室，表彰的基本程序再次重复。

15:30　乔治离开后，他们就表彰会议所取得的效果
　　　　简单交换了意见。后来，他们又谈论起托马
　　　　斯的另外几个下属。

15:45　理查森接了一通简短的电话。秘书和布拉德肖一起进来，并带来了一些简短的请示列表。

15:50　理查森接到菲利普斯打来的电话。他在笔记本第 11 页和 12 页上记录着与菲利普斯的谈话要点。在电话里，他们就经营亏损、满意度低的下属、谁暗地里做了什么、现在该如何行动等问题反复交流讨论。这是一次费时较长、迂回反复且有时令人有些激动的交谈。结束时，菲利普斯同意理查森的意见，并向他致谢。

16:55　布拉德肖、威尔逊和霍利都来到办公室。每个人都分别跟进着该天早些时候所讨论的决定事项。理查森简要地谈了一下他与菲利普斯的谈话。不久，布拉德肖和霍利就离开了。

17:10　理查森和威尔逊就三四个问题轻松地交流了几句。

17:20　杰瑞·托马斯来到办公室，他汇报了一个新的人事问题，三人又围绕这一问题开展讨论。讨论之中，幽默、打趣不时出现。最后，他们就采取进一步行动达成一致意见。

17:30　理查森开始收拾公文包，其间先后到访五人，一次一两个不等。

17:45　理查森离开办公室，下班回家。

与工作性质相关的日常工作行为相似性的原因

理查森的日常工作行为模式与其他关于管理行为的研究结果基本一致，[8] 与那些高级管理者的相似性尤为明显。[9] 然而，正如亨利·明茨伯格之前所指出的，[10] 至少在表面上，本书所描述的总经理行为与关于高层管理者做什么（或应该做什么）的传统理论似乎很难形成一致，很难将这些行为分别归类于"计划""组织""控制""领导""人事"等传统管理职能。如果要强行归类，就会出现以下两种结果：①这些总经理所进行的"计划"和"组织"工作似乎并不具有很强的系统性，显得相当随意且杂乱；②许多行为归类的结果最终只能是"没有此项"。这意味着许多无法归类的行为在传统管理理论上不应该是高层管理者应做出的行为。然而，这正是计划、组织及其他管理职能在高效能经理日常工作行为中的自我印证。

为了理解为什么我们会发现这样的工作行为，并识别出其他一些更为微妙细致的相似点，我们首先需要回顾一下本章前面所论述的内容，以及与前面各章相关的信息资料。

与总经理工作方式直接相关的模式

总经理日常工作行为中多数可观察到的模式，就是总经理开展其工作的直接结果，进而也是总经理工作的自身性质和总经理的个人类型的直接结果。更为准确地说，这些模式，有的源自总经理计划设定的方式方法，有的源自工作关系网络的构建方式，有的源自总经理运用工作关系网络来完成工作计划的方式方法，还有的源自以上三类方式方法的综合（见图 4-7）。

模式中的第一项（耗费大多数时间与他人交往）似乎就是总经理开展工作的整体方式方法和工作中关系网络中心主导作用的自然结果。正如本章前面所讨论的那样，总经理们与那些他们开展工作所需依靠的人员建立起关系网络，然后运用这一关系网络来辅助设定、实施和动态更新企业计划。这样一来，总经理工作的整体方式方法就涉及与他人打交道。因此，正如理查森的事例所表现的那样，日常工作中总经理们耗费多数时间与他人打交道的这种模式也就不足为奇了。

同样，由于该关系网络几乎包含了总经理在工作上需要的一切人际关系，除了自己的上司和直接下属之外，总经理还将大量时间耗费在许多其他人的身上也就丝毫不令人奇怪了（模式 2）。同时，总经理的工作计划往往涵盖了与其工作职责相关的长、中、短期各类项目，因此他们在日常交谈中所涉及的话题范围相当广泛也就是自然而然的（模式 3）。

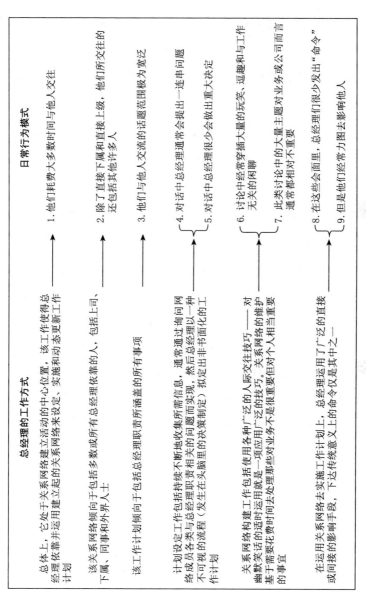

总经理的工作方式

总体上，它处于关系网络建立活动的中心位置，该工作使得总经理依靠并运用建立起的关系网络来设定、实施和动态更新工作计划

该关系网络倾向于包括多或所有总经理依靠的人，包括上司、下属、同事和外界人士

该工作计划倾向于包括总经理职责所涵盖的所有事项

计划设定工作包括持续不断地收集所需信息，通常通过询问网络成员及各类相关的问题而发现，然后总经理据此（发生在头脑里的决策流程）拟定出非书面化的工作计划

关系网构建工作包括使用各种人际交往技巧——对幽默的适度运用就是一项应用广泛的技巧，关系网络的维护基于需要花费时间去处理那些对业务或公司而言很重要但对个人相当重要的事宜

在运用关系网络去实施工作计划上，总经理运用了广泛的直接或间接的影响手段，下达传统意义上的命令仅是其中之一

日常行为模式

1. 他们耗费大多数时间与他人交往

2. 除了直接下属和直接上级，他们所交往的还包括其他许多人

3. 他们与他人交流的话题范围极为宽泛

4. 对话中总经理通常会提出一连串问题

5. 对话中总经理很少会做出重大决定

6. 讨论中经常穿插大量的玩笑、逗趣和与工作无关的闲聊

7. 此类讨论中的大量主题对业务或公司而言通常都相对不重要

8. 在这些会面中，总经理们很少发出"命令"

9. 但是他们经常力图去影响他人

图4-7　总经理的工作方式与一些日常行为模式之间的关系

　　其他一些模式似乎就是总经理所运用的计划设定方法的直接结果。正如我们在前面的论述中所谈到的，计划设定工作包含持续不断地从关系网络成员处收集信息，这种信息收集往往采用的是提问的方式，进而模式4（总经理提出许多问题）就自然而然地形成了。掌握了这些收集到的信息后，我们看到总经理设定了大量的非书面计划。可以进一步观察到他们拟定了数量巨大的但没有形成书面文件的各种工作日程安排。因此，重要的工作计划决策通常不那么明显可见，它们仅出现在总经理的脑海之中（模式5）。

　　我们还看到总经理们动用广泛的人际交往技巧来创建其工作关系网络。既然幽默、玩笑和家庭、娱乐等话题是一种在紧张压力的环境中建立和维护相互间关系的有效手段，我们在总经理们的行为模式中经常看到这些方法手段的运用也就不足为奇了（事实上，我们的确有所发现——模式6）。与他人关系的维系需要去做那些他人认为非常重要的事情（无论这些事情与业务是否直接相关），因此，总经理们花时间做一些似乎我们或他们都认为不重要的事情同样不足为奇（模式7）。

　　我们还可以看到这样的情形，当总经理们初期任职阶段结束后，总经理们的行为重点就放在运用他们的关系网络去实施他们的工作计划安排上来。他们运用广泛的直接或间接的影响手段来做到这一点。下达命令仅是许多方式方法中的一种。在这些情形里，人们会发现他们很少去命令他人（模式 8），而是花费大量的时间力图去影响他人（模式 9）。

看似无效的行为的实际效率

在总经理日常工作行为的所有模式中，最难于理解或至少是值得推敲的要数模式 10（总经理们并没有详细地提前计划他们每天的工作，他们多数是在被动做出应对）和模式 11（与他人的交谈简短且缺乏逻辑连贯性）。至少从表面上来看，这两种模式似乎是不合乎管理理论体系的，然而它们却可能是所有日常行为模式中最重要且最有效的。

总经理工作极为耗费时间和精力。总经理们都说如果他们自己不想办法控制工作时间，他们一周的工作时间可能会超过 100 个小时，事实上他们都想方设法将 100 多个小时的工作时间控制在每周平均 59 个小时的水平上（模式 12）。

总经理设定的工作计划和构建的工作关系网络似乎是他们控制工作时间的关键。这些工具手段的运用使得他们在日常事务中表现得有点机会主义，使他们能够以一种高效的方式来应付和处理他们周围的各种人群和事务，并且使他们在做到这些的同时，仍能够或多或少地对更为长期的运营计划做出系统性贡献。

以下是一个关于"被动反应式"行为的效率与效果的典型实例。在杰克·马丁的事例里，在他去参加一次会议的路上，在电梯附近碰巧撞上一位并不直接向他汇报的公司职员。利用这个机会，在短短两分钟的交谈里，杰克·马丁做了以下几件事：①问了两个问题并通过回答得到了所需信息；②通过真诚地对这位经理最近的工作业绩进行赞扬，进而增强了他们之间的良好关系；③使得该管理人员乐意为马丁做某些他需要帮助的事情。马丁头脑中的工作计划帮助他主导了该次偶遇的交谈，使得他能够问出许多重要的问题并向其提出一个关键的行动要求。与此同时，他与该职员在网络中所保持的关系，帮助他轻而易举地得到所需要的该职员的协作支持。假设马丁打算提前计划这次会面，他将不得不发起一次会议，发起和召开这次会议至少需要耗费15～30分钟，即本次偶遇交谈时间的7.5～15倍之多。并且假设他之前并没有与该职员建立起良好的关系，这次会议将要耗费更长的时间，或者根本取得不了什么效果。

同样，工作计划和关系网络使得所有总经理的多数时间进行的都是简短且不连贯的交谈，但这些交谈往往十分有效。下面是摘自约翰·汤普森一个工作日中极为简短的讨论对话，这段对话就是这一方面的典型例子。
该对话发生在某天上午 10:30，地点为汤普森的办公室。
与汤普森交谈的是他的两个下属——菲尔·道奇（Phil
Dodge）和尤德·史密斯（Jud Smith）。

> **汤普森**：波特怎么样?
>
> **道奇**：他很好。
>
> **史密斯**：别忘了芝加哥方面!
>
> **道奇**：哦，对。(在便签条上记录)
>
> **汤普森**：好。那么下周的事怎么样了?
>
> **道奇**：我们都安排好了。
>
> **汤普森**：非常好。顺便问一下，泰德现在的
> 情况怎么样了?
>
> **史密斯**：好多了。他星期二已经出院了。菲
> 丽丝说他好多了。
>
> **汤普森**：这是个好消息，但愿他的病情不会
> 出现反复。
>
> **道奇**：(打算离去) 我今天下午再来找你。
>
> **汤普森**：好。(对史密斯说) 我们也走吧!
>
> **史密斯**：好的。(站起来，准备离去)
>
> **劳伦斯**：(从大厅过来，站在门口对汤普森
> 说) 您看到了 4 月份的数据了吗?
>
> **汤普森**：还没有。你呢?

劳伦斯：我 5 分钟前刚看到。除 CD 产品外，其他都很好。CD 产销数据距目标还差 5%。

汤普森：比我预计的要好些。

史密斯：我打赌乔治听了会很高兴。

汤普森：（大笑）如果他正高兴着，那我跟他谈后他就高兴不起来了。

威尔逊：（汤普森的秘书，伸头进来）菲利·拉森打电话找您。

汤普森：我马上就接。请你叫乔治待会儿来一下，好吗？（人们都离去了，汤普森拿起了电话）菲利，早上好，还好吧……是的……是那样吗……不，别担心……我估计大约 150 万美元……是的……好……好，莎莉第二天晚上也过得很愉快，再次谢谢你哟……好的……再见。

劳伦斯：（又回到办公室）杰拉尔德的提议你怎么看？

汤普森：我不喜欢那个提议。它与我们原来向公司或海恩斯所承诺的不一致。

劳伦斯：是的，我也这么看。杰瑞打算怎么处理这份提案呢？

汤普森：我还没有和他交流过呢。（转身拿起电话拨号）看他在不在。

　　这一系列对话看起来好像较为杂乱，但其与绝大多数人的日常对话并没有多大区别。这段对话对于我们来讲之所以显得杂乱，是因为我们并不具备对话中的人物所掌握的关于他们的业务或公司的知识或信息，我们也不清楚该总经理的工作计划安排。也就是说，我们并不清楚波特、泰德、菲丽丝、菲利·拉森、莎莉、海恩斯或者杰瑞都是什么人，我们也不清楚"芝加哥""4 月份的数据""CD"或"杰拉尔德的提议"到底是指什么，对于波特或海恩斯在汤普森的工作计划安排中到底充当了怎样的角色我们也是一无所知。如果我们对上述信息都很了解，那么情况就完全不同了。

　　除了显得杂乱外，更为重要的是这些对话实际上具有惊人的效果。在不到两分钟的时间里，汤普森完成了下面一系列工作：

- 他了解到波特同意在一个特定项目的贷款上帮忙。这笔贷款如果不能得到顺利解决，将会严重影响到他在某一特定领域提升公司业务的计划。
- 他提醒一个下级经理就该项贷款事宜给芝加哥的某人去电话。
- 他同时了解到下周关于此项贷款的各种安排都已经就绪，其中包括两个内部会议及与委托人的一次会晤。
- 他得知泰德手术后身体恢复得很好。泰德为汤普森工作，并且在他未来两年的分行发展规划中占有重要地位。

- 他了解到一分公司 4 月份的收入，除了一个领域外，其他均在预计之内。这减轻了他在月度收入上的压力，从而能够将注意力转移至提高某一领域的收入水平上来。

- 他发起了一次和乔治与 4 月份的销售收入相关的会面。汤普森早就为 CD 生产线的未来发展考虑好了几种备选方案，他认为必须将此列入预算以支持他对分公司业绩的推进。

- 他向菲利·拉森提供了一些有用信息，菲利是这家银行另一部门的同事，菲利过去曾给予过他极大的帮助，而且其目前所处的职位对于汤普森未来的工作将十分有帮助。

- 他给下属杰瑞打了电话，目的是了解杰瑞对来自其他部门的一份提议的看法，这份提议将会对约翰的部门产生影响。汤普森关心的是这一提议可能会扰乱其部门 5 年收益目标的实现。

总体而言，正如汤姆·彼得斯（Tom Peters）最近所指出的，约翰·汤普森、迈克尔·理查森以及本研究中的多数总经理都"很善于抓住并充分利用连续出现的每

一随机时间段和充斥着其全天工作的事件片段"。[11] 这种
特征在那些业绩优异的总经理身上显得尤为突出，他们
能够达到这样的工作效果的核心能力就在于他们建立的
关系网络和设定的工作计划（见图 4-8）。这些设定的计
划使得总经理们能够以一种机会主义（且极为高效）的
方式来处理他们周围的各种事项，并且也清楚地知道他
们正在某些范围更加广泛和更加理性的框架内开展这些
工作。关系网络促成了简明扼要（同时十分高效）的对
话，如果没有这些关系网络的存在，这样简短而富有价
值的对话就不可能产生了。而计划设定和关系网络构建
共同使得这些总经理获得了足以满足综合管理工作要求
的效率与效果，而这正是通过那些表面上似乎是"非管
理"的日常行为模式来实现的。

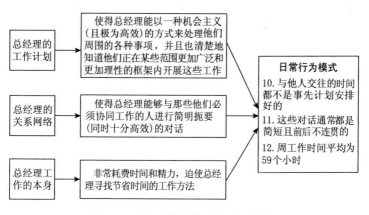

图 4-8 看似无效的行为的实际效率

小结与讨论

本章和前面各章节的总体模式可以归结如下：总经理工作是一份对任职者智力和人际交往能力要求均十分严苛的工作，该工作要求任职者是那些具备能够满足这些严苛要求与个人特质的特定人群和专家类人才，同时也对这些人产生着巨大的吸引力。这些工作要求和个人特质的本质共同引致了开展该项工作的特定方法，进而又构成了他们安排日常工作时间的特定共同点。对总经理个人进行单个考察分析，一些具体的发现（就如本章所描述的一样）可能看起来有些奇怪且难以理解，但将这些总经理放在一起来考察，这些发现便形成了一具连续且具逻辑性的整体（见图 4-9）。

如果人们在高级管理者如何开展工作或应该如何开展工作上所持有的普通观念与本研究中所总结出的这些行为模式不相一致，是因为这些普通观念对认识总经理工作和总经理个人特质（尤其是前者）所基于的前提假设是与本研究极为不同。例如，某些关于总经理应该如何行事的普通观念对总经理工作所持有的前提假设就与本研究中实际的总经理工作极为不同。普通观念对总经理的职责和相关活动的假设为：规模较小、种类较少、较为规则且可预见性强。此外，对总经理们的关系网络

及其成员的假设是：规模较小、类型较少、一种权力源
（而非某种依赖关系）。在这些相对单一且简单的环境里，
我们可以推断出业绩优异的总经理开展其工作的方式
方法将与本研究截然不同，我们可以推断出他们在设
定工作计划时将采用更加结构化且更倾向于正式计划
流程分析思路的工作方法，我们还可以推断出他们将
花费较少的时间在关系网络构建上，并且会采取较少且
已被普遍接受的关系构建方法（例如，仅仅划清并强调
各种正式关系，选择较好的下属员工等）。最后，在执
行和动态更新这些工作计划安排方面，我们可以推断
出他们倾向于更多地仅仅依靠他们的直接下属，以一种更
加直接的方式并通过加强控制和评价下属们的绩效来达
到目的。

　　然而，事实上，与多数管理工作（特别是总经理工
作）相关的职责和活动正变得规模越来越大、种类越来
越多以及越来越非常规化。相应地，与这些工作相关联
的关系网络成员的数量越来越多、类型越来越多样化且
对他人的依赖越来越强（而不是通过权力）。正因为如
此，我们可以预见本章所讨论的这些基本的工作方式方
法，未来将更为大众所理解并接受。

总经理工作	
工作职责和工作关系	**呈现的要求**
• 主导着大量、复杂且极为多样化的相互依赖的各类活动	• 在不确定性、极大多样性以及大量的相关潜在信息充斥的环境中进行决策制定
• 依赖于上级领导、大量且多样化的下属以及处于正式命令链之外的其他人	• 依靠大量且多样的人（包括上司、下属和其他人）完成工作，尽管对这些人中的大多数并没有直接的管理权限

总经理个人	
知识和关系资源积累	**基本个性特征**
• 关于他们业务和组织的知识	• 在平均水平之上的智力、广泛的兴趣爱好、乐观的精神、成就导向，甚至注重感情
• 所有人都有贯穿整个组织（或行业）的广泛关系网络	• 具有人格魅力、热衷权力、善于建立各种人际关系、具有与各种专业人士交往的能力

工作方式

最初

• 他们运用所掌握的业务和组织知识、与相关人员的关系以及他们的人际交往技巧去更多地了解总经理工作的要求，并为业务和组织设定工作计划。所有这些都是在日常非正式工作进程中完成的，通常包括大量的提问，并设定出多半是较为松散的目标和规划的非书面计划

• 同时，他们运用这些相同的个人资源去与下属、上司及其他工作上所需依靠的人员建立合作的关系网络。对这种关系的依赖性越大，他们就会越加投入时间和精力，并运用各种方式手段去建立和维护该关系

之后

• 他们使用关系网络协助实施工作计划，他们会运用大量的直接或间接的方法来达到此目的。他们也借助关系网络来获取相关信息以动态更新他们的工作计划

日常行为

1. 他们耗费大多数时间与他人交往

2. 除了直接下属和直接上级，他们所交往的还包括其他许多人

3. 他们与他人交流的话题范围极为宽泛

4. 对话中总经理通常会提出一连串问题

5. 对话中总经理很少会做出重大决定

6. 讨论中经常穿插大量的玩笑、逗趣和与工作无关的闲聊

7. 此类讨论中的大量主题对业务或公司而言通常都相对不重要

8. 在这些会面里，总经理很少发出"命令"

9. 但是他们经常力图去影响他人

10. 与他人交往的时间都不是事先计划安排好的

11. 这些对话通常都是简短且前后不连贯的

12. 周工作时间平均为59个小时

图 4-9 总经理工作行为的影响因素

第 5 章

工作中的总经理（二）
行为差异

THE GENERAL MANAGERS

汤姆·朗和理查德·帕玻利斯在同一家美国大公司工作，公司总部的首脑对他们两人的评价都很高。从多数标准衡量的结果来看，他们的工作都算得上是很出色的，而且迄今为止，他们都拥有非常成功的职业经历。然而，他们经营管理的行为看起来十分不同，以至于公司内许多人（包括我所接触的在内）都对为什么他们两人的工作都如此卓有成效而感到疑惑不解。

实际上，在见到他们两人之前，我对他们行为之间的差异就已经有所察觉。我和汤姆的第一次见面安排在上午 8:30，当我 8:15 到达他的办公室时，他正忙于上午 7:30 开始的会见。他的秘书给我倒了一杯咖啡，并安排我在一间办公室等候，直到 8:30 我才与他见面。而我和理查德的第一次见面是在上午 9:00，我 8:45 到他办公室的时候，他还没到。他的秘书给我送来了一杯咖啡和一些点心，让我在办公室里等他。我一直等到 9:15，他才出现。

汤姆和理查德的工作环境也极为不同。汤姆的办公室很前卫，朴素高雅、非常整洁，理查德的办公室则很混乱，至少与汤姆的办公室相比是这样的。理查德的办公室几乎没有干净的地方，墙上贴着照片、格言，甚至他自己画的画。

就像汤姆整洁的办公室一样，他的一天也安排得井井有条。他的大部分时间用于预先约定的各种会议上，这些会议大多都有相对明确的目标，同时汤姆也严格要求他人努力实现这些目标。他的工作风格就像一流的军队，有着铁的纪律和紧张的训练节奏：一、二、三、四，一、二、三、四。

理查德的一天与汤姆有很大不同。他也有计划好的会议，但是数量上要少很多。他花大部分时间与他的下属随意地交流讨论，大部分交谈都是下属主动来找他的（并非他去找下属）。他们交谈的节奏有时很快，有时又很慢；讨论的声音有时很小，有时又很大（理查德有时会对着某人大喊大叫）。

他们一天的工作内容大不相同。汤姆陷于处理短期运营事务当中，而理查德着重关注中长期运营问题。与理查德相比，汤姆除了得花时间处理好与下属的关系外，还得花费相当的精力处理与同级及上级的关系。

甚至他们的工作时间也相差很多。汤姆每周工作约65 个小时，一般从上午 7:00 开始到下午 6:00 结束，而理查德大约每周工作 40 个小时——他对此颇为得意。

本研究中的其他总经理的工作行为与汤姆和理查德也都不同。也就是说，尽管这些总经理在某些方面（如上一章中提到的）的做法很相似，但有时他们完成工作及每天分配时间的方式存在很大不同。

在本章稍后的内容中，我们将对汤姆和理查德的情况进行较为详尽的剖析，但首先我们要对这些行为差异以及导致这些差异的原因进行探讨。

基本模式

差异的范围

关于上一章中所描述的主要趋势，本研究中的总经理们有显著不同。这些不同几乎存在于行为的各个方面：工作日程的安排、关系网络的建立、任务的执行以及日常活动等。从以下4个宽泛的维度来考察这一点尤为突出：①他们与谁交往（如果有交往对象的话）；②为何事交往；③交往了多久；④以怎样的方式交往。在较为极端的事例中，这些差异性甚至远远超过了相似性。

就他们交往的对象而言，存在以下差异性。安德森和富兰克林的工作方法使他们一般只与几百人打交道，而盖恩斯和汤姆则需要与几千人打交道。理查德每天打交道的人中大约有3/4是他的下属（或者是下属的下属），而马丁一天所接触的人中大约只有5%是他的下属。理查森和波林在工作计划设定、关系网络建立和执行过程中所接触的人大多数具有研究生学历，安德森和盖恩斯所接触的人则多数根本没有接受过大学教育。

就他们交往的事宜而言，存在的差异也相当大。艾伦、马丁和汤姆把他们 90% 以上的注意力都集中在了短期事务上，而波林和理查德似乎在这些短期事务上只倾注了不到 50% 的精力。富兰克林和盖恩斯极为重视销售问题，而唐纳休更加侧重于新产品的研发。在时间分配上，诸如理查德（尽管他任职已经有一年多了）等人花费大量时间在关系网络的建立和维系上，诸如科恩（尽管他任职才几个月）等人花在这上面的时间则相对较少。

就他们投入工作的时间量而言，尽管总经理们的平均时间为每周 59 个小时，但这上面仍然存在很大的差别。理查森和斯帕克思曼每周花费 70 个小时或更多的时间在工作上，而汤普森和理查德每周的工作时间仅为 50 个小时甚或更少。

最后，就他们在不同的问题上与人交往时利用时间的方式而言，风格上也有很大不同。在计划设定上，像唐纳休这样的总经理总是倾向于向他人提问，而其他人，像富兰克林，则从不这样做。在关系网络建立上，像理查德这样的总经理经常采用诙谐幽默的方式，而其他人，像汤姆，则想方设法表扬对方工作中的每一点进步。在任务执行上，像盖恩斯这样的总经理通常十分严厉，有时严厉得令人畏惧，而其他人，像马丁，则从来不会那样行事。

前因

总经理行为方式上存在的这些差异似乎源于第 4 章中提及的导致行为相同性的那些动因产物。也就是说，行为上的差异根本上是由工作要求的不同和总经理个性特质的差异所决定的。工作要求上的差异依次受到工作类型差异、组织差异以及业务差异的影响（这些差异则受第 2 章中所论及的这些组织和产业的发展历史的影响）。类似地，总经理个性特质差异的形成受到不同的个人成长经历的影响（参见第 3 章所述）。总经理任职者工作后期（6～12 个月后）行为方式上的差异是受到上述因素与前期工作安排和关系网络建立的共同影响而形成的。图 5-1 对上述内容进行了归纳总结。

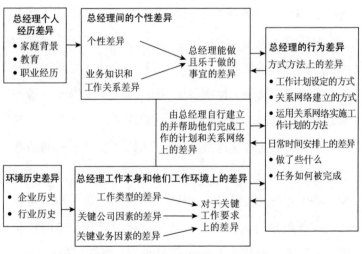

图 5-1　导致行为差异的动力机制

例如，就影响总经理行为的诸多工作因素而言，职位类型和公司规模相当重要。处在产品或市场型总经理职位上的人（如马丁、杰克逊及盖恩斯）在工作计划、关系网络建立和任务执行上，与其同事和外部人员的互动远比独立事业部型总经理（理查德、菲罗诺、科恩、安德森及富兰克林）来得频繁。为此，他们出差办公的时间通常达到其他类型总经理的 2 倍。此外，运营型总经理（艾伦和汤姆）与大部分其他类型的总经理相比，更倾向于将时间与精力集中于短期事务的工作计划和实施执行上。在我与他们相处的日子里，这一点十分明显且令我印象深刻。就公司规模而言，相比于小环境中的总经理，大环境中的总经理在工作计划设定、关系网络建立以及任务执行过程中往往要与更多的人接触交往，并且即使并非必须，他们也乐于采用更加正式的方式——通常意味着每天有更多的例会需要参加。

就个人因素而言，在诸如业务知识和工作关系等方面的差异，通过以下方式影响着总经理的工作行为。在任职伊始的前 6 个月里，具备有关其业务和组织的特殊知识及拥有更多关系网络的总经理，倾向于在工作计划设定和关系网络建立上花费较少的时间，而花费较多的时间在任务执行上。结果，从同一部门提升上来的任职者（如约翰·科恩）与从公司其他部门提升上来的任职者（如丹·唐纳休）相比，在任期头几个月内的工作时间要短，而且使工作步入"轨道"的速度更快些。

当总经理们工作了一段时间之后，逐渐呈现出的工作计划和关系网络上的差异以更为直接的方式对他们的工作行为产生影响。工作计划上的差异导致他们所应对的事务的差异，关系网络上的差异导致他们所应对的人员的差异。此外，关系网络和工作计划的匹配程度影响着总经理在工作实施中花费的时间和精力。例如，关系网络和工作计划的相匹配程度越低，总经理就越得花费更多的时间和精力来弥补。

为了更好地理解图 5-1 所示的动力机制，我们需要仔细研究一些特殊的事例。我们先来看看汤姆·朗的情况，接着考察一下理查德·帕玻利斯的。

汤姆·朗

工作和环境

1978 年，汤姆·朗出任国际计算机公司（International Computers）的东部地区总经理。在这一工作职位上，他负责着该公司遍布美国东部 10 多个州的 20 个销售－服务网点，在这些网点工作的员工近 4000 人。

国际计算机公司是生产电脑及其相关设备的公司，年产值为 100 亿美元。公司成立于 1920 年，当时只是一个办公设备制造商，规模一直很小，直到 20 世纪 50 年代开始生产电脑之后才发展壮大。国际计算机公司在 20 世纪 60 年代发展迅速，并在市场中占据了主导地位。到 1978 年，它仍以每年 15%～20% 的速度增长，但是它的市场占有率却已经从 1966 年的巅峰下降了，公司面临着更大的竞争压力。

作为公司负责区域性业务的 4 位总经理之一，汤姆向国际计算机公司总部（位于加利福尼亚）分管业务运营的主管负责；直接向汤姆负责的是 3 位业务运营分部的经理（他们每人管理约 7 个销售 – 服务网点），一个技术服务经理、一个销售经理、一个财务主管，此外还有一个人事经理。另外，公司总部的一位法律顾问常驻该区域分部办事处，业务上服从负责这一地区的业务总经理的领导。公司该区域业务组织中没有生产和产品开发人员。

国际计算机公司每个地区总经理都要对十几个年度目标负责，这些年度目标涉及销售、服务、预算控制、积极行动和净利润等。总公司拥有一个复杂精确的绩效考核系统，该系统定期公布各区域（和各网点）完成额定指标的情况，同时就各区域（和各网点）的总体业绩情况进行排序。

　　由于东部地区的环境相对复杂，产品和市场还处于导入期，该区域事业部的近期业绩水平仅仅算是还过得去。公司这种对各区域总经理业绩进行考核和排名的做法，无疑对东部地区总经理的工作要求更为严苛，但由于地区总经理属于运营型总经理，这些工作要求基本都集中在短期决策制定（运营控制）领域和对下属的管理上。

　　尽管此项总经理工作将涉及公司的增长速度、新产品的研发速度和所用技术的精密、复杂性，但由于其所属的运营总经理的工作类型，对工作的长期要求（如方向和政策的制定事宜）并不十分严苛。相对而言，对工作的中期要求（资源配置问题）较为苛刻，这主要是因为公司的增长速度给资源供给造成了较大压力；但由于诸如产品开发等许多领域并不需要该总经理负责，工作的中期性要求也不会很过分。不过，该工作所属类型、每天需要应对的大量且复杂的经营活动（4000 人围绕几乎遍布整个东部沿岸的 10 万多个顾客开展工作）、公司所采用的绩效考核系统以及激烈的竞争，这一切都使得对工作的短期性要求（运营控制事务）变得相当重要。换句话说，该项工作所面临的主要挑战在于，在一系列销售及服务活动上必须保持在几个地区的前列，并确保这些活动按"计划"进行，如若不是，则要立即采取纠正措施。

首先，由于业务经常变化的特性，为该地区设定合适的业绩目标实际上时常需要地区总经理与公司总部管理层共同商定。正因为如此，对与公司上层管理者维系关系的相关工作的要求通常都较为严格。其次，由于工作所属类型的缘故（例如，本地区的经营运转有赖于其他地区的生产制造和产品开发活动），对平级平行关系的管理要求也是相当高的。最后，由于该职位管辖的人员数量众多，这些人一般都具有很高的教育水平（和期望），加之业务增长需要留住和吸引更多的人才，还有其他一些类似的原因，对下属管理的要求是极为严苛的。因此，该工作的第二个主要挑战就是要求激励一大群处于相对正式的行政系统中的员工，达到或超过销售、收益、服务及其他方面的目标。

汤姆其人

汤姆·朗在 1978 年冬～1979 年冬这一年的时间内，担任东部地区总经理的工作。他是个眉清目秀、穿着整洁的年轻主管。他留给我的印象至今依然是积极进取、勇于挑战和拥有雄心壮志的。他严己宽人，善于维系人际关系，工作脚踏实地，洞察力强，有很好的工作思路。

汤姆 1942 年出生于一个新教徒家庭，在三个孩子中排行老二。他的母亲于弗吉尼亚州和佛罗里达州将他抚养成人，因此他与母亲的关系一直十分亲密。高中时代，汤姆热衷于各类体育运动，同时担任好几个学生俱乐部的主席，并因这些课余活动多次获奖。学习上，他的成绩处于全班前 2/5 之列。后来，汤姆在佛罗里达大学获得管理学学士学位。在大学期间，他每周兼职工作 20 个小时，挣钱支付自己的生活费用。在后两年的学习中，汤姆博得了系主任的赏识。

大学毕业后，汤姆结了婚，并在 Fairchild 人寿保险公司工作。起初是当实习生，之后成为保险业务部的主管。两年后，他接受了菲利普斯生产制造公司（Phillips Manufacturing）的一份销售工作，到了另外一座城市。在这期间，他开始进夜校攻读工商管理硕士学位。在菲利普斯公司工作一年后，汤姆获得了国际计算机公司销售代表助理的职位。随后，汤姆平步青云，在国际计算机公司快速晋升。

在国际计算机公司的职业生涯中，汤姆先后担任了 11 个不同的职务，分别是：销售代表助理、销售代表、业务代表、销售经理、地区销售经理、销售计划总协调人、分公司经理助理、分公司经理、分公司运营经理

（地区分部）、全国服务运营经理（公司总部）以及东部
地区总经理。在此期间，汤姆因杰出业绩水平曾荣获全
公司的个人销售业绩奖和分公司销售业绩奖。因工作需
要，他曾 6 次举家搬迁。他曾经离婚又再次结婚，两次
婚姻一共使他有了 5 个孩子。1978 年，他年仅 36 岁，在
全公司同级别人员中他是最年轻的一个。

　　6 位相当了解汤姆的人是这样向我描述汤姆的。

　　就进取心而言，汤姆"富有竞争意识"，并且"抱负
远大"，几乎所有人都能看出汤姆希望有朝一日成为公司
总裁的雄心壮志。另外，他们还经常提及汤姆高标准的
职业操守，有一个人这样说："汤姆是我所了解的管理者
当中最不能容忍职员不称职的。"

　　就性格而言，他们评价汤姆"严于自律""一丝不
苟""意志坚强""有条不紊"，有些人甚至觉得他过于认
真。但是有一个人指出，他的这种严肃认真的作风在工
作之外变得荡然无存。他告诉我说，汤姆"与妻子和孩
子的关系非常融洽，与他们在一起要比在工作时放松得
多。他常常计划休假并充分享受度假生活。他属于工作
和生活很分明的那类人，你千万不要试图为了讨论工作
事宜而在晚上给他家里去电话"。

　　就其认知风格而言，他们所用的描述性词语包
括"极为精准""透彻全面""绝对条理清晰""非常高

明""富有逻辑性"等。有一个人评价汤姆有"很好的商业判断力",有些人则说他倾向于"决策果断利落",少数人甚至认为他有时下结论的速度"过快"。

就人际交往风格而言,他们把他描述为"具有超凡领导魅力""具有绝好的自主性""非常善于沟通""在人群中能够给人以深刻印象""善于激发他人的热情""赞誉他人十分讲究技巧""善于识别有才之士"等。大家一致认为他"特别能够让别人感到可以依赖""人们愿意跟随他"。也有人说他"特别喜欢讨好上司",但同时承认"他与下属和同事关系也维系得很好,很快能够建立起别人对他的信任感"。另一个人说他"知晓所有心理技巧,他可以根据情况所需时而威慑、时而温和,甚或表现出其他任何所需的状态"。与此同时,与其他人一样,此人也同意汤姆在待人接物方面"坦诚直率"。有的人评价他,"很开放,面对他,你在任何时候都清楚自己的处境"。另一位说他"总是正视问题以解决冲突"。所有人都认可他"公正且诚实""道德品质好"。关于他的人际关系技巧,唯一的批评意见是说他有时授权不够。

就人际关系而言,他们说汤姆很受以前下属的尊重,并与其上级(老板)保持着很好的关系。其中一位说他"不仅仅是对向他直接汇报的人,而是对所有下属都开诚

布公，他叫得出许多人的名字"。另一人告诉我说他非常
崇拜汤姆，因为他是个"成功者"。

就所掌握的知识而言，他们说"汤姆知晓诸如计划、
组织、领导、协调和控制等管理的所有基本原理"。经过
在国际计算机公司约 10 年的积累，他对公司业务的销售
和服务方面也了如指掌。

汤姆的工作方式

作为东部地区总经理，汤姆最基本的工作方法也许
可以归纳为"驱动组织获取最大成就"或"驱动组织取
得成功"。这就是说，他对他所任职的公司极富责任心，
想尽办法引导、推动并激发公司通过"高效运作"来完
成公司总部下达的各项任务指标。

更具体地，就工作计划设定而言，汤姆习惯于快速
设定出聚焦于短期工作的计划，计划通常包括许多具体
且宏伟的目标。在很大程度上，其工作计划的设定受到
来自上级管理层的影响，他在计划中所增加的具体细节
则是通过有其他员工参与的相当正式的计划流程而产生
的，也源于其自身在指导这一计划设定过程中对业务的
详细理解。

就关系网络的建立和维系而言，汤姆利用他在组织
中现有的各种关系、他的威望以及他的人际交往技巧，

很快地将自己融入覆盖在该职位周围的大型、复杂的关系网络当中。为达到此目的，汤姆常常采用在公共场所露面、在各种人群中讲演、到办公室拜访及其他类似的方法来表现自己。通过这种方式，他确立了很好的职业威望，不仅受到下属的尊重（我所访谈的大多数人都如此反映），而且与许多上级（老板）和主要同事都维系着"较铁"的关系。他也试图（用他自己的话来讲）"在与下属的关系网络内营造出一种氛围，这种氛围给在这一地区工作的员工提供实现其目标的机会，从而同时给他们提供一份他们真正乐于从事的工作"。

尽管汤姆在工作安排和关系网络建立上花了相当多的时间，但大部分时间还是花在了工作任务的执行与实施上。这种时间分配方式甚至在他任职仅 6 个月之后就开始了。为了确保工作任务能够顺利执行，他巧妙地使用着"胡萝卜加大棒"的激励方式。他通过表扬与惩戒、认可与胁迫、激励与驱动等方式相结合，促使人们去完成工作。最重要的是，他对大量细节的追求达到了近乎苛刻的地步。为此，他富有成效地对他的关系、技能以及正式的系统加以利用。

关于汤姆执行风格的很多方面可以从图 5-2 获知，这是一份汤姆在召开完例行的员工会议之后发出的典型的备忘录。

内部备忘录

发送：地区高级职员　　　　　　　　来自：汤姆·朗
主题：高级职员会议 9 月 12 日的后续行动　　日期：1977 年 9 月 14 日

1. 杰克·林奇（Jack Lynch）负责向我们提供春季 HRP 更新的完整日程表。该日程表需要包括制定我们的工作小组访谈流程和相关问题的所有重要时间点。该日程表要求在 9 月 19 日的高级职员会议向我们汇报并加以讨论。

2. 与会者一致认为完全没有必要现在推行分公司利润和亏损绩效汇报系统，这一系统仍然有些模糊混乱。由于该项目与现行战略相矛盾，迈克·刘易斯（Mike Lewis）赞同加里·奥康尼尔（Gary O'Connell）推迟该项目的意见。

3. 迈克和我同意制定一份我们的活动和资源计划分配的最终时刻表。我们会用一到两天的时间对我们的活动和资源计划进行全面讨论。尽管活动和资源计划会在不同时间段内分别加以讨论，但总体计划将在一到两天的会议里最终确定。

4. 我们需要再次强调，在座的每个人和我们所有的分部网点的经理必须完全理解与其"聘任机会"相联系的工作职责。在过去的两个月里我们反复对该责任加以强调，所有的分公司都要积极行动起来。

5. 我们分部网点的执行经理同意就服务综合评价问题与卡尔·安德森（Carl Anderson）及其主要下属进行一次会晤磋商。

6. 迈克·刘易斯同意每周一为我们提供产品安装有效性报告。

7. 保罗·汤普森（Paul Thompson）负责向我们所有分部网点就人力计划修正事宜进行传达，将原先 1200 人的计划缩减为 95 人。请在 9 月 16 日星期五之前传达。

图 5-2　汤姆·朗的一份典型的备忘录

日常工作行为

1978 年 9 月，在我拜访汤姆的 3 天时间里，有机会观察到上述工作方式在其日常工作行为中的自我印证。第一天，我们一起到纽约的一家分部网点视察情况；第二天早上，我们参加了在附近一家宾馆举行的一家分部网点经理主持的会议；第三天，汤姆回到地区总部上班。这三天的时间里，汤姆都穿着正规的商务装。

汤姆在地区总部工作的那一天，他大约早上 7:45 到达办公室，下午 6:00 左右离开（据他估计，算上在办公室、出差和家里的工作时间，他平均每周工作 65 个小时）。那天他大多数时间都在办公室或附近的会议室里与人讨论交流（他估计与别人交流讨论的时间占了他所有工作时间的 80%）。汤姆的办公室位于办公楼的一个转角处，大约 18 英尺[⊖]见方（约合 30 平方米）。办公室布置得非常现代、典雅且整洁有序。墙上除了悬挂一些奖状、格言框（上面写着"卓越是一种精神状态"）和他孩子的几张照片之外，并没有其他多余的东西。这一天的会议包括以下这些内容：

- 与某一个分部网点运营经理先前预约会议，持续了 1 小时 45 分钟。该经理提出了 6 个工作议项，交谈过程中汤姆又提出其他一些事项。整个会谈的内容涉及许多方面，包括销售目标的达成、几桩特殊人事问题的处理、该经理在接受一项培训后的学习心得、表彰业绩突出者、本月后期的工作安排计划以及来自公司总部的一份备忘录等。交谈中，这位经理时不时看一下他随身带着的一个黑色大笔记本上记录的东西。

⊖　1 英尺 = 0.3048 米。

- 一个为时 2 小时的有关来年（1979 年）规划和预算的会议，有 6 人参加。会议集中讨论了今后两个月运营流程的合理性，以便确保下达给各分部网点目标的合理性，以及确保这些目标能够被接受。
- 与来自公司总部的一名职员就多项经营事务进行简短的磋商。

在参加纽约分部网点运营经理所主持的会议那天，汤姆则花了大量时间倾听到会众人的发言。他也做了几次发言，颁发了几个奖项，并对整体会议进行协调。他每次出现在公开场合，总会受到大家的欢迎。

在访问纽约分部的那一天，汤姆和对其负责的分部运营经理在飞行途中花了大部分时间查看该分部的详细经营资料。两人都不时在随身携带的厚厚的笔记本上一边翻阅一边记录。他们讨论了该分部目前的经营情况、存在的问题和主要成员情况。从机场出来，经过较短的行程就到了分部，他们在一个宾馆的宴会厅宴会会见了该分部业务经理及近百名员工。

会议由业务经理主持，持续了大约两个小时。虽然会上也介绍了一些新产品的情况并讨论了其他一些事项，但会议的主要议题还是表彰和奖励业绩卓越的员工。汤姆在会上唯一的活动就是为一位获奖者颁了奖。

会后，汤姆和许多人进行了简短交谈，这些人的名字他都叫得出。在分部的 25 个经理共进午餐期间，汤姆私下会见了一名职员，该职员不肯接受他近期发出的岗位调令。大约半小时后，两人面带笑容一起走了出来，并宣布该职员将接受调任。

迅速吃完午餐后，汤姆向管理者们做了一个简短的报告，并征询大家的意见。在接下来的两个小时里，他一直在对各种问题进行解答。他鼓励大家开诚布公，以坦率诚实的方式处理各种问题。最后，大家以热烈的掌声送他离去。

理查德·帕玻利斯

尽管理查德·帕玻利斯也在国际计算机公司工作，但是他的情况在很多方面都与汤姆·朗有着很大不同。

工作及环境

1978 年，理查德是国际计算机公司达塔特拉克（Datatrack）公司的总裁。该公司最初是由理查德和其他 4 个人在 1969 年创办的，后于 1976 年被国际计算机公司收购。自该公司成立以来，发展一直非常迅速，1978

年的年增长率大约是 30%。

达塔特拉克公司 1978 年的销售额约为 4000 万美元。该公司拥有 650 多名员工，大多数人都在旧金山附近的公司总部工作。凭借其 70% 的市场占有率，达塔特拉克公司成为电脑产业该部件领域的龙头企业。公司大约生产 40 种相互关联的产品，产品价格在 1000～70 000 美元之间。虽然这些产品销往世界各地，面向成千上万的客户，但都是基于一种单一技术，因为自公司成立以来，公司管理层坚信该技术最终将会主导整个行业。

达塔特拉克公司由 8 个部门组成，分别是营销部、工程部、研发部、财务部、质控部、系统（软件）开发部、生产部和人事部，所有部门均向理查德负责。其中营销部、研发部、工程部和财务部 4 个部门的主管是与理查德一起创建公司的伙伴。在公司的组织管理上，几乎没有什么正式的政策、程序、制度或规则，但有着崇尚非正式、大胆、创新、关爱他人、开诚布公、灵活柔性和独立自治的"强文化"，与这些文化相适应的是大量非正式的传统，这些传统造就了公司的独特性——至少许多员工是这么认为的（见图 5-3）。

达塔特拉克：独树一帜

达塔特拉克的 5 位创建者自公司成立以来，塑造公司的独特性的努力就从未间断。他们的管理风格和管理理念被后来加入的其他管理人员所认可并接受，并与产生卓越商业思维的实践观察、对人员赞扬的体现及以快乐的心情享受完成工作所带来的乐趣等一道，将达塔特拉克营造成一个极为特别的工作场所。

我们的传统

我们的做事方式在这些年的反复实践中得以体现，并成为达塔特拉克的特有传统。

旗帜高高飘扬

我们保持着在公司总部的正门入口处悬挂旗帜的有趣传统。我们自豪地展示我们的国旗、州旗以及另一面根据特定日子的需要从 40 余幅备选旗帜中动态挑选的旗。

我们的旗帜用来欢迎特殊的访客，以及庆祝特殊的日子，如圣帕特里克节。当国际计算机公司总部的人来访问时，你会看见标有"IC"字母的国际计算机公司旗帜迎风飘扬。此外，当看到我们的外国访客看到他们国家的国旗在加利福尼亚微风中迎风飘扬时那种激动的表情，我们感到十分欣慰。

特色会议室

公司会议室里摆放着公司总经理和其他执行经理们自己制作的柚木办公桌。公司的管理团队还利用周末时间制作了一张 20 英尺长的精美镶花会议桌并建造了一个多功能娱乐中心。它们被安放在达塔特拉克最大的会议室——安伯（Amber）会议室中，十分显眼。

安伯会议室的名字与琥珀色[⊖]无关，而是为了纪念公司创始人。Amber 一词来自 5 位创始人——阿尔伯特·汤普森（Albert Thompson）、迈克·狄克逊（Mike Dixon）、鲍勃·艾伦（Bob Allen）、埃里克·富兰克林（Eric Franklin）和理查德·帕玻利斯——名字的首位字母组合。其他会议室的名字也非常具有创意，有奇幻厅、阳光亭和聚义堂等。

特殊的日子

每逢公司的重要纪念日，公司所有同事欢聚一堂，伴着活泼轻快的音乐品尝各种甜点，人人感到了兴奋与惊喜，尽情享受庆祝会带来的欢乐。再如，在圣诞节，公司会邀请巡回颂歌演唱团前来助兴，或送上圣诞火腿给每个员工一份惊喜。万圣节前夕的化妆竞赛是员工们非常喜欢的另外一项活动。

当一名员工在达塔特拉克工作满 5 周年或 10 周年时，我们会为他庆祝。对达塔特拉克来说，老员工非常值得珍惜，为此，公司管理层会向他们每人赠送一枚特制的刻字胸针以表彰他们这么多年对公司的贡献。

图 5-3 《达塔特拉克公司：员工手册》摘录

⊖ Amber 的词意为"琥珀色"。——译者注

我们的思维方式

"自信自强"的公司格言随处可见。甚至在达塔特拉克的趣味 T 恤衫上也印着标有"自信自强"图样的七彩图案。该口号传递了一种理念，就是这种理念促使达塔特拉克成为今日生机勃勃的成功企业。

人人都喜欢达塔特拉克的一点是，公司管理层反对那些通常给管理者预留车位的做法和为管理层小团体搞特殊化的风气。取而代之的是，一种舒适、友好氛围萦绕着公司，每个人都亲切地相互直呼其名。

我们相信，随着你对达塔特拉克了解得越发深入，你就越会同意达塔特拉克是个令人驻足的特殊之地。

图 5-3　（续）

理查德对此是这样解释的：

我们的公司在很多方面不同于我所知道的其他企业。例如，我们对于一些愚蠢的规章很反感，力求尽可能少地受到规章制度的束缚。与大多数公司相比，我们没有繁杂的行政机构，我们现行的组织结构能为多数人所理解。我们不拘泥于形式，我们不会通过穿着统一的职业装去吓唬人们。努力本身并非最重要，最重要的是结果，对此我们十分清楚。我们工作中有很多交流，其中难免包含一些琐碎之事，但大部分内容是与工作相关的。我们不会对他人的工作指手画脚，更不会告诉他们什么该做、什么不该做。我们没有私人泊车位，我能跟其他人一样走路上班。权威需要建立在能力而非畏惧之上。我们关爱他人，因为这样是最为明智的做法。在这儿没有什么命令，实际上也没有什么惩罚。我们鄙视伪君子，如果他们混入我们的队伍，很快便会被我们驱逐出去。我们崇尚真理，相互间从不说谎欺诈。在这里，你不会听到像"快干，理查德来了"这样的声音。我们不强调职位和头衔。挑战越难，我们越乐于接受。

达塔特拉克公司坐落在旧金山附近的两座现代的加利福尼亚－西班牙风格的办公大楼内。大楼里的多数人没有私密的办公空间，所有办公室的门上都是透明玻璃窗，而且没有锁。接待区和其他地方都有理查德的画作，"自信自强"的标语在墙上、门上随处可见。大多数的办公室和办公桌上放的都是诸如照片、座右铭摆件或海报之类的私人物品。

总之，达塔特拉克公司的这种特殊状况对其 CEO 提出了一系列苛刻的工作要求，这些要求在许多方面与汤姆·朗面对的完全不同。达塔特拉克公司的特点是规模较小、经营历史较短，因此其总经理工作职位类型也与汤姆·朗的完全不同（一个是独立事业部总经理，另一个是运营总经理）。

由于所属工作类型的差异和由新的产品或市场环境

（快速成长、尖端技术的研发等）所引致的不确定性，理查德在长期工作（明确发展方向和制定相关政策）方面面对的要求更高。出于相同原因，理查德在中期事宜（资源配置）方面面对的工作要求同样高于汤姆，而理查德在短期（经营控制）问题上面对的工作要求相对宽松，主要是因为他所处的公司规模较小。

由于属于独立事业部总经理工作类型，达塔特拉克公司又曾是一个完全独立的实体，以及在国际计算机公司管理层眼里该公司一直保持着"良好"的业绩水平等原因，对理查德在管理维系与上级或平级关系上的工作要求不是太高。但是下属管理在他这里必须引起重视，尽管原因上与汤姆有许多不同之处。在他这里，管理下属意味着需要应对不同人群间（工程师和销售人员之间、新老员工之间）潜在的冲突矛盾，这些人必须在生产经营急剧扩张的压力下通力协作，同时意味着要试着在新员工不断地涌入公司的情况下，维护住公司的企业文化。

理查德其人

作为 1978 年～1979 年冬天这段时期里的公司总裁，理查德·帕玻利斯是一个极不寻常且魅力十足的人。他精力旺盛、才华横溢，是我们此项调查的高级管理人员中最为机警、能言善辩的人。理查德有一套自己的管理

理念，对此管理理念他认识深刻，同时花费了大量精力
进行揣摩感悟，达塔特拉克公司正是他将这套管理理念
付诸实践的产物。

理查德 1927 年生于希腊，是家中 4 个孩子中最小的
一个。他在希腊长大，与他父亲（一位船长）的关系非
常亲密，与他母亲的关系也很亲密。理查德在希腊读完高
中，以班级第 3 名的优异成绩毕业。在希腊海军短暂服役
后，他移居美国，并进入加利福尼亚州立大学洛杉矶分
校，在那里他先后获得了理学学士和硕士学位。从学校毕
业后，理查德在约翰逊研究所担任了 3 年的工程师。之
后，他结了婚，并跳槽至 DLC 有限公司，在那里，他作
为技术部主任助理一干就是 5 年。之后，他加入费尔菲尔
德·刘易斯（Fairfield Lewis）公司，并先后担任了 5 年的
技术部主任和 8 年的分公司经理。1968 年，他因公司不愿
意开拓他和研究主管所认为的极具发展机会的项目而倍感
气馁，于是在 1969 年，他和另外 4 个经理集体辞去了费
尔菲尔德公司的职务，并创办了他们自己的公司（也就是
达塔特拉克公司），由理查德任公司总裁，阿尔伯特·汤普
森任工程副总裁，迈克·狄克逊任研发副总裁，鲍勃·艾
伦任营销副总裁，埃里克·富兰克林任财务副总裁。

达塔特拉克公司于 1970 年制造出了它的首台小型计
算机，这一机型以及后来的几种机型备受市场欢迎，达

塔特拉克公司因此得到迅速发展。1976 年，帕玻利斯和他的合伙人将该公司卖给了国际计算机公司，国际计算机公司将其作为旗下一个独立的子公司。

我 1978 年见到理查德时，他仍是国际计算机公司达塔特拉克子公司的总裁，所有原来那些合伙人也仍在公司留任。理查德那时已和他的第二任妻子结了婚，而他的第一次婚姻使他有了两个十几岁的孩子。

了解理查德的人都怎样评价他？

就工作动机而言，多数人认为他是一个"成就驱动型"的人，标准要求很高，对哪怕是些许的成功也会充分享受。就性格而言，多数人说他"性格开朗""注重感情""做事积极努力"，且"有决心和韧性"。

就分析能力而言，有人称赞他善于在复杂的环境中识别出规律性的东西。例如，他会说："你记得吧，6 个月前你处理过此类问题，现在它又出现了，去年好像也发生过类似的问题，这里面很可能有规律可循。"另外一个人则说他善于"发现别人的问题，而且他通常是对的"。

就人际交往而言，多数人都认同他具有"感情感知的超能力，知道什么会使人难堪，什么会激人奋进"。一些人觉得他是个"业余的精神病医师"。有个人评价他"非常平易近人，人人都认识他并了解他的家人。所有这些都使得大家信赖他，也认为他值得信任"。

人人都认同他是个才华横溢的人。有个人告诉我说理查德是他所见过的人中最有才华的。"他自己做小器具，会唱歌、会烹饪、能航海，几乎没有他不会的事。"另一人评价他的厨艺时说："包括他年轻的第二任妻子在内，几乎没有人可以和他相比，他是个神奇的厨师。看他下厨，你会感知到他对火候精确掌控的能力。"我的确也发现他才思泉涌、智慧超群、说话富有哲理。以下这段话可作为这方面的一个典型例子："商业中唯一的成功途径就是要满足有利润的需求。如果只满足了需求而不产生利润，那是慈善事业；如果只追求利润而没有满足需求，那就是欺诈。"

理查德的工作方法

理查德开展综合管理工作的基本方法在很多方面与汤姆·朗有很大不同。基本上，他更关注对自己所创建的这家公司的成长性的维护，努力使其沿着正常轨道运行。他是以一种非正式的、个性化的方式做到这些的。

理查德的工作计划设定注重长期思考，大多数计划在 20 世纪 70 年代早期就设定好了。这些长期计划没有包括太多的工作细节以及相关的大量特定目标。取而代之的是对公司在未来 5 年、10 年或 20 年发展的总体设想，以及实现发展的总体战略。例如，我有一次访问理查德时，他向我说了下面这段话：

我们期望在一段相对短的时间内迅速发展成为一家大型成功的企业。我们认为这是个可以实现的目标，原因如下。第一，我们的产品市场已经形成，并在未来几年里将继续快速增长。包括财务分析人员和技术人员在内，公司内没有人怀疑这一观点。第二，最终会主导市场的关键技术是那种最具成本效益的技术，即该技术能以最少的成本完成工作任务。我们相信这在逻辑上是可行的。[⊖]第三，我们是行业中使用这种技术的领头羊。当前，对于这种技术的开发还没有公司能超过我们。因此，只要我们能保持活力，继续使我们的技术处于领先地位，我们最终会实现我们的目标，届时我们将成为规模巨大且利润丰厚的成功企业。第四，由于我们所构建的组织类型优势，我们认为在保持活力和保持技术领先方面我们占据着有利位势。

理查德的工作关系网络是他经过很长时间建立起来的，与汤姆的相比，该网络相对较小，且大多体现为与本公司下属的交往。理查德花了大量时间和精力来维系这个关系网络，也就是说，他在维护公司以及对公司的

⊖ 他们目前所掌握的就是这种技术，谈话中他对他的逻辑做了详细叙述。

掌控度上花费了大量精力。他之所以能够做到这些，在很大程度上依赖其工作关注点。他关注怎样使人们在一起和谐地工作，关注怎样帮助新人开始工作并迅速步入正轨，关注如何维持企业文化等。同时，他在开展这些工作时所采用的非正式、简明直接及充满个性的做法，始终都与他的管理理念和企业文化保持一致。

在关系网络维系方面，理查德在与其共同创建公司的合作伙伴身上花费了大量时间。和我交流的一个人这样跟我说："我们到目前为止能这样成功的根本原因在于公司高层领导之间相处得很融洽。在工作讨论当中他们都直陈自己的观点，直到大家对讨论结果都满意才罢休。高管团队内没有政治斗争，关系相当融洽，在解决问题时所有成员能够通力合作。当然，理查德是这个团队的核心。"另一位对此说道："换了别人来领导公司，我不知道这些人之间的矛盾会不会是极富破坏性的。理查德一直都能将这些潜在矛盾在转变为问题爆发之前就化解掉。"

与包括汤姆在内的其他经理人员相比，理查德花在计划执行实施上的时间相对较少。正如一位经理告诉我的一样："理查德所给定的就是基于公司长期战略和价值体系的公司发展方向，在这个大的框架内，你可以自由地发挥。"

理查德自己这样描述他建立关系网络及实施计划的方法：

就我的理解，我工作的重点就是激发人们去开展我认为符合公司整体规划的工作。我不会对任何人的工作指手画脚，我为公司所需要的活动创造开展条件。该过程本身就是一门艺术，它包括寻找到产生前提条件的原因，然后顺应趋势，而不是与其逆行。这与我所热衷的帆船运动很相似，当我驾驶帆船时就随风而行。为了达到我的目标，我得分析当时的情形，扬起帆来，顺风顺水而下，其中的要领与管理公司很相似。我从不做出任何重大的产品生产和市场营销方面的决定，我只是创造那些能够做出决定的条件。我认为自己实际是园丁，是筹划者，或是环境创造者。

人们大都非常注意自己在他人眼中的形象。因此，在与人交往的过程中，说的是什么并不重要，重要的是这些话语对一个人自尊心的影响。我花费大量的时间努力消除公司中人们之间相互贬低的现象。在企业中绝对致命的不是冲突，而是相互间的不尊重，这将极为损毁个人形象。在像我们这样的公司里，相互贬低、攻击极易在生产部门和营销部门之间发生。因此，促进部门之间的沟通交流是十分必要的，许多公司的失败就是因为没有这样做。公司里的营销、工程和生产部门的人相互之间也常常缺乏了解。在这里，关键的是要在各团队之间建立起相互的尊重。我的作用是帮助人们以一种建设性的方式互动起来。总经理的作用就是确保这种对话交流顺利开展。

　　整体上，一个经理人员的工作就是去影响他人的行为，而不是使人落单，这需要你频繁、持续地与别人交往、联络。我通常不是太忙，每天都四处巡视、与员工交流。例如，我会去参加在楼下针对新员工举办的入职培训，那样我可以看到所有的新人。我也处理危机并和人们并肩携手。从来没有人会喜欢一个管理者，因此我经常在老板和玩伴之间变换角色。我也不怕解雇人，但那很少发生。很多人感谢我解雇他们以迫使他们选择自己更好的出路。我的意思是，又有谁想平平庸庸地过一辈子呢？

日常行为

　　理查德的日常行为方式与汤姆·朗存在很大不同。在我访问理查德期间，他穿着十分随便，从不穿西装、系领带。他通常在上午 8:30～9:00 之间到达办公室，在下午 5:00～5:30 之间离开。他下班回家时从不会拎着里面塞满有待晚上处理的文件的公文包。他有时中午会远离办公大楼，花上两小时悠闲地吃午餐。总之，他每周大约工作 40 个小时。当我问及他的工作时间时，理查德说："我有种感觉，大多数总经理对自己赚那么多钱有种心虚感，因此，为了心理平衡并使自己感到好受些，他们就拼命延长自己的工作时间。这真是种愚蠢的行为。其实努力本身并不重要，重要的是有好的结果。"

公司上至副总裁下到接待员，每个人都对理查德直呼其名。当他走在达塔特拉克大楼时，他总是与周围的人谈话或开玩笑。

理查德一般独自待在自己办公室的时间很少（大约仅占一天工作时间的 10%），相反的是，他将大量时间花在了与人交流上，这些交流通常发生在时长不一的非预约性碰面上。在我与他在一起的一段时间里，他做了以下工作：

- 与生产副总裁（通常也会有其他生产主管）进行三次讨论。（当时在达塔特拉克公司，运输和人事问题是生产制造部门所面临的最大问题。）理查德要求了展开两次这种讨论，希望与经理们一道研讨这些问题的性质和解决问题的方法。理查德主动发起了其中两次讨论，他与经理们一起弄清了问题的本质以及处理问题方法。

- 召开每周三下午 4:00 的行政办公例会，会议大约持续 3 个小时。会议多数时间里，都是理查德在调解营销副总裁和生产副总裁之间的鲜明对抗。
- 与抱怨生产系统的营销副总裁进行了两次交谈。理查德花费很多时间来平息此人的怒气，并引导他从生产部门的角度来看问题。
- 与财务副总裁进行两次会议。一次商讨关于日常财务报表的问题，另一次是由财务副总裁主动提出来的，他想谈谈自己对"生产问题"的看法。
- 参与一次有大约 12 人参加的关于公司新产品开发的会议。在会上，理查德大部分时间都在听取意见和建议，他问了几个问题就早早离开了。
- 人事副总裁主动就公司人事问题与他交流讨论。
- 与研发副总裁及另外两位相关主管就观看新产品演示碰头，理查德询问了几个问题并对他们的工作给予了充分肯定。
- 理查德召集了一次临时会议，有 4 位高管和 2 位相关人员参加，会议就向国际计算机公司总部的汇报事宜进行了相关讨论。

这些交流与讨论轻松幽默（会上大家都会开开玩笑，但主要还是理查德），同时洋溢着率直、热烈、轻松随便的氛围。

在我与他在一起的时间里，理查德也会使用电话与
所有的副总裁进行简短的交流，还与国际计算机公司总
部通了 3 次电话。某天的一个上午，他还给附近一所高
中的 350 名老师做了次演讲。

汤姆和理查德：一些最终观察

尽管汤姆和理查德工作行为上的差异有些极端，至
少在研究的参与者当中是这样的，但他们的情况代表着
引致这些差异的动力机制。在所有 15 个个案中，就像
图 5-1 所归纳的那样，总经理工作行为上的差异是由工
作要求差异和个人特质差异所共同引致的。

在汤姆和理查德的事例里，他们所处的境况和对他
们的工作要求不同，这种不同是由于他们所在的组织规
模和所管理的业务规模存在差异，业务的成熟度不相同，
总经理所属的工作类型也不一致。某种程度上，他们两
人的个人特质差异反映了他们在工作和工作环境上的不
同。在理查德的事例中，你可以讲他依据"自己的意志"
创造了自己的工作职位及工作环境。汤姆则是由别人推
选走上总经理职位的，通过与汤姆十多年来一起共事，
这些人可以列举出证据来说明汤姆是如何适合该工作环
境的。工作行为上的差异似乎直接与工作职位本身和任
职者个人特质上存在的差异相关。例如，理查德那种较

为随便的行为方式（穿着、临时安排会议及影响他人的风格）直接来自他所控制管理的那种范围较小、不那么规范的人际交往环境以及他对采取这种行为方式开展工作的强烈偏好。

尽管他们的行事风格有很大不同，但汤姆与理查德的工作业绩都十分出色。资料数据显示，理查德做得稍好："优异"相较于"良好"（参见附录 E）。这引出了一个我们尚未揭示的最终问题：行为方式差异和导致业绩差异的原因之间的关系。

行为、行为的前因及业绩差异

正如第 4 章的论述所表明的那样，本研究中那些业绩良好的总经理与一般的总经理在行为方式上存在某种程度的不同。总体来说，这些总经理的行事风格更多地与第 4 章所述的中心取向相一致。更为特别的是，业绩优异的总经理更倾向于主动积极地去获取计划设定方面的信息，并运用这些信息制定出更为完善（长期和短期兼备）和更具战略性（从竞争角度而言）的公司发展规划。他们也非常积极地着手构建关系网络并最终会建立起强大的关系网络（涉及的人更优秀，关系也更紧密)。在计划执行上，他们倾向于依靠更为广泛的方式方法，也包括一些间接的方法技巧，而在实际操作行动中花费较少的时间（他们建立的关系网络"自动"完成了很多的工作，而且完成得既有效率又有效果，因此需要他们亲自完成的工作就相当少了）。

在上一章中，我们并没有明确指出与不同业绩水平相关联的不同行为方式类型的前因，尽管这可以从第 3 章的讨论引申推导出来。现在明晰了，总经理的个人能力和工作取向与对他的工作要求之间的差距或不匹配性越大，他的行为方式整体上就会越多拥有第 4 章中所描述的存在的差异，他与表现优异的总经理之前的差异性也会越强，同时他的业绩水平将越低。

这一结论隐含了一个关于行为和绩效的重要推论，此推论可直接表述如下：**即使一个人知道要成为一个业绩优异的总经理需要怎样的行事风格，而且他也想那样去做，但除非在他接手总经理工作时，其个人素养和工作要求之间满足最起码的匹配性，否则他很可能力不从心。**

杰拉尔德·艾伦的事例在这方面就十分发人深省。艾伦是本研究中算得上是最聪明的那么两三个总经理中的一人。他拥有 MBA 学位，通晓很多管理学理论知识，他有时甚至还在当地一所大学内教授管理类课程。最为值得指出的是，艾伦完全清楚工作中他应该做什么，但他就是不那样去做。特别是尽管他心里完全清楚怎样去设定工作计划，但他却不肯在计划设定上花费时间和精力，在那些具有长期性和战略性的计划设定方面尤其如此。他也从不为获得卓越业绩而去花力气建立自己工作需要的关系网络。比如，他直接管辖的下属中至少有一人是很不胜任的，可他既不将其调职，也不解雇。此外，他花很多时间在具体事宜的实施执行上，花费大量的精力亲力亲为，而不肯向那些业绩突出的人一样花较多的时间运用间接的方法去影响他人来完成工作。

他的这种行事风格所获得的工作业绩只可以说是一般（见附录 E），不算糟糕或不到位，但这样的表现显然不是他的能力所应达到的水准。在我最后一次与他会面不久后，公司调来了一个新的上级，此人不同于他的前任上级，新上级也认为艾伦的表现低于他应有的水准。结果，他将艾伦进行了横向调动，虽然级别上没有调整，但用他们银行内部人员的话来讲，实际上应该说是降职了。

为了更好地理解艾伦的事例，我们首先得认识到一点，就是他的背景和经历并不完全与图 3-4 所示的模式（有关"匹配性"）一致。例如，他个人的价值观和需求与所选择效力的公司之间只是中等匹配。他与组织内常见的管理者存有明显不同，这一点显而易见，而且艾伦对此也很痛快地承认。在他任职早期，他就未能形成稳定的"成功综合征"。这并不是说起初他就不成功，事实上他的确成功过。但是他没有经历在公司的知识和关系网络中极具重要性的成长历程，而那恰恰是这种"综合征"的核心所在。尤其是在公司上层管理组织内，他没有建立起过硬的工作关系。

1975 年，当他的前任上级被调至另一个分部时，艾伦被提升为副行长。当时，并没有非常理想的继任者，于是他的前任上级就提名了艾伦。接受这个工作对艾伦来说是个巨大的挑战，因为这意味着他将从一个原先只管理几个人的岗位一下子跃升至需要管理 600 多人的岗位，相应地也得肩负起 10 倍于以前的预算职责，同时这意味着他得承担起对这一业务单元的全面管理职责，而该业务单元的业绩并不好，而且在过去十几年中就一直没好过。但艾伦别无选择，他也没有做任何选择。他不可能向上级管理者寻求任何的帮助或庇护。

从所有已获得的证据可以得知，艾伦对他这份总经理工作从来就没有真正施展自如过。他不明不白地被推上了这一职位，能够维持到现在全靠他的聪明才智和勤奋努力。他所能够构建起来的工作关系网络相对于其上级下压并要求完成的短期计划（这是执行总经理的工作）而言，匹配度十分差，以至于他不得不在执行与实施的环节上花费几乎所有的时间——想方设法来弥补自己在这方面所存在的欠缺。他既没有时间着手过多的计划设定工作，也没有资源去建立开展工作真正所需的关系网络，同时他"知其所以然"的知识对自己也没有多大帮助。

通过这一事例，我不禁想问：在当今这个每年"制造"出6万多名MBA毕业生的世界里，到底还会有多少个"艾伦"存在？

小结与讨论

通过本书中少数的几个案例，我们不可能对管理行为做出任何的定论，但是它们有助于驳斥一些当前比较流行的看法或观点。例如，有关所有成功管理者的行事风格都基本一致的说法，并不能得到本研究的支持。汤姆、理查德及其他总经理的事例清楚地表明，许多行之有效的管理行为都只是特定情况下的"特定产物"。相应地，认为行之有效的管理行为完全因特定情形而定，没有普遍适用性的这种截然相反的论断同样无法得到本研究的支持。正如上一章描述的，汤姆、理查德及其他总经理在许多方面的确有着极为相似的表现。此外，他们之间行为方式上的差异通常能够契合图5-1所示的一般模式。

汤姆、理查德和艾伦的事例，以及在更广泛意义上我们就行为差异及造成这些差异的因素的研究结论，在许多领域都具有十分重要的指导意义。下一章，我们在对本研究所有的发现做简要小结后，将更进一步地体会并挖掘这些指导意义的内涵。

第 6 章

总结、讨论及对提升
总经理业绩的启示

THE GENERAL MANAGERS

撰写本书所依据的调查研究是以下面几类问题为线索而展开的：

- 当今综合管理工作的本质是什么？与这些工作相关的主要问题、挑战和职位条件要求是什么？在不同类型的总经理工作与各有差异的业务和公司环境中，这些要求存在多少不同，存在哪些方面的不同？是什么原因导致了这些不同？

- 什么类型的人更易于成为卓有成效的总经理？他们的驱动力何在？他们具备怎样的能力和技巧？他们来自哪里？为什么是这些人在总经理工作中卓有成效？在不同的工作环境中，这种情况存在的差异程度有多大？是什么原因导致了这些差异？

- 卓有成效的总经理到底在做些什么工作？他们如何开展工作？他们通常每天都做什么？他们为什么这样行事？为什么这种行为方式"行之有效"？在不同的环境中，这些行为在何种程度上、以什么方式产生了差异性？这些差异产生的原因是什么？

在当代"企业社会"中，这些问题极具代表性。除了少数的例外情况，之前还没有人通过对成功的总经理群体进行系统和深入的研究而涉足这些问题，这也正是本研究之所以选择该点展开工作的原因所在。

本研究基于所收集的信息分析讨论了各种模式（已经在第 2 章至第 5 章进行了论述），在本章中，我们将首先对这些模式进行归纳总结，然后对这些模式对提升总经理业绩水平的启示进行探讨。[1]

归纳总结

工作要求

与本研究中的综合管理工作相关联的工作要求类型多、范围广。其主要的挑战和困境有：①尽管存在极大的不确定性，但还是要先设定基本目标、政策和战略；②在各种不同类型的职能部门和业务部门的需求之间实现对稀缺资源配置的精准平衡；③对各类不同活动进行全局性监察，能够及时识别出失控的问题并迅速加以解决；④从上级那里获得开展工作所需的信息、协作和支持，费些精力与上级交往而不是让上级感觉不配合其工作；⑤获取公司同事、其他相关部门或分支机构以及重要的外部力量（如大型社团、客户或供应商）的协作，尽管对于这些人并不拥有正式的管理权限；⑥激励、协调和掌控数量众多且类型不一的下属。这些要求所带来的结果就是使得一个典型的总经理在决策制定和实施上都面临着极大的困境。实际上，由于存在极大的不确定性、充斥着各种各样的问题以及涉及大量的潜在相关信息，制定决策通常极为困难。与此同时，由于涉及大量且类型多样的人群且总经理职位对于多数相关人员都没有正式的管理权限，决策的实施执行也相当有难度。

　　总经理工作的自身特性和所涉及业务及公司的特征共同塑造了这些工作要求。总经理工作本身要求任职者要对大量繁杂的长、中、短期工作任务负责。具体来讲，该工作本身要求总经理负责为组织制定某些或全部的基本目标、方向和优先原则，涉及决定应该进入什么行业或开展什么业务，如何获取关键资源，负责决定如何为某产业或某些业务有效地配置资源以达成长期目标，以及负责高效地使用某产业或某些业务所拥有的人力、物力及财力资源，包括承担一些利润责任。此外，这些工作还将总经理置于一个关系网络当中，身在其中，他们不同程度地依赖上级领导、同事、公司外界人士及下属来开展工作。具体来讲，他们通常必须向上级（或董事会）汇报工作，且被赋予了一些对一群极为多样化的下属进行管理的权力，同时不得不依赖组织内部其他人员（如公司同事）和公司外部力量（如主要供应商）的支持，尽管这些人并不在他的管辖范围内。

　　这些职责和关系根植于通常极为复杂的业务和公司环境，这种环境的复杂性是由所涉及的大量人员、产品、市场、技术和国家，以及其中存在的不稳定因素共同塑造的。工作职位的特征和这些环境因素相互作用引致了这些复杂的工作要求及决策制定的困难性，并产生了极为严重的执行实施问题（见图 2-1 和图 2-2）。

　　同样，这种交互作用也引致了工作要求的巨大差异，究其原因，在于本研究中各种环境因素之间存在的巨大差异和对这些工作职责的界定的内在不同（见图 2-3）。长、中、短期事宜的类型和数量的重要性，也随着考察地点的不同而存在差异性。同样，总经理开展工作必须借助哪些人（涉及数量、类型、他们与总经理的正式关系）的力量及需要怎样的帮助也存在极大差异。总之，存在于总经理工作要求的性质和范围方面的差异性，在不同的考察地点之间相差巨大。

　　当前经济活动领域中至少存在 7 种类型的总经理工作。所有这些类型的总经理工作要么在职责上，要么在关系网络上存在着重要差异（见图 2-4）。诸如存在于公司 CEO 和独立事业部总经理之间的某些差别如今已经众所周知，但绝大多数总经理类型之间的差异还是鲜为人知的。存在于本研究所提及的业务和公司环境中的特性在工作要求方面存在的差异甚至更大（见图 2-5）。公司规模、历史、业绩水平、产品或市场多样性以及企业文化等因素的差异塑造了几乎是无穷尽的各种环境，这些环境反过来塑造了工作要求的差异性。正是由于这些原因，使得某些表面看似相同的综合管理情境，实际上在所涉及的问题和挑战及对任职者的要求方面极为不同。

此外，与总经理工作职位相关联的要求，无论是在质的方面还是在量的方面，显然近半个世纪在不断提高。我们这一时代的主流趋势之一就是现代企业的出现，这些企业不断成长壮大，生产的产品种类越来越多，所涉及的市场类型越来越多，地域分布越来越广，采用了越来越高级且复杂的科学技术。这一基本发展趋势与不断出现的各类综合管理工作直接相关，与这些工作职位所处的经营环境的差别直接相联，与对这些工作职位不断扩大的条件要求的范围和规模直接相联，与存在于这些工作要求之间的巨大差异性直接相联。如果以上这些趋势和其他相关趋势持续发展下去的话（见图 2-6），人们可以想象出这样一个时代的到来——在该时代里至少某些总经理职位的工作要求过于严苛，以至于即便是当时最有天赋和经验的总经理也无法胜任这一工作。同时，人们还可以预见一个工作的差异性压倒所有同一性的时代的来临。

卓有成效总经理的个人特质

本研究的调查对象都是处在总经理工作职位上的人，他们都极为胜任此项综合管理工作。选择他们参与此研究仅仅出于这一共同点，其他方面则没有什么相似之处。然而，研究中发现他们在其他许多方面同样具有相似性。他们几乎所有人都雄心勃勃、以成就为导向、热衷权力、情绪平衡、性格乐观、智力超人、善于分析、重于感情、喜好交际，善于发展人际关系并且能够与各种类型的专业技术人才来往交流。他们均具有丰富的业务及组织知识，在企业和行业中与许许多多人都保持着良好的工作关系（见图 3-1 ）。

比这些具体的共同点更为有趣的是，这些特征似乎与在各种不同工作环境中产生的工作要求的"核心"共同性质相关。这些总经理在许多方面存在相似性的原因，是他们的工作在几乎所有这些个人特质的大量核心方面存在相似之处（见图 3-2）。这些个人特质似乎赋予了他们应对与其工作相关的艰难决策和实施执行问题的能力和意愿。在某种意义上，上述这些个人特质表现出与总经理工作主要方面的相互匹配性，这种匹配性不仅能使总经理胜任其工作，而且将帮助他取得成就。

同样，总经理之间存在的诸多差异性似乎也与工作职位相关，同时总经理个人之间也存在着许多不同。他们有的保守、有的激进，有的身材魁梧、有的短小精干，有的年长、有的年轻；有些明显比他人聪明，而有些更具领袖魅力。在极端的情况下，差异性甚至多于相似性。然而在较大程度上，这些差异性存在着某种模式，这些模式通常与总经理工作职位的差异性相关（见图3-5）。

换言之，这些总经理在诸多困难的工作环境中卓有成效的部分原因，至少是他们拥有大量与其工作环境特定要求匹配的良好的个人特质。因此，从某种意义上讲，尽管那些成功的总经理都认为自己是"全才"，可以管理好任何事情，但事实上他们都是相当专业化的。

也许更为重要的是所有这些人与工作的相互匹配似乎都经历了很长的形成时间。帮助这些总经理自如应对工作要求，甚至是帮助他们获得适合他们工作职位的这些大量的重要个人特质，都是在他们整个生命期间内逐渐发展形成的。

一个典型的总经理的家庭，其父辈、祖辈的社会地位都呈现上升的趋势，并且属于中产阶级，都有兄弟姐妹。在他成长期间，他的父母亲都在家里，且都受过某种大学教育，父亲通常是商业或是非商业机构的管理者。这个总经理与父母亲或其中的一方保持着十分亲密的关系。在他的中学时代和大学时代，他成长为学生中的领袖人物。在大学或研究生期间，他的专业方向就与今后所从事的业务或相关领域相关。毕业后，他能很快在某一产业或（通常是）一家公司中谋到职位，并留在那里工作。他沿着某一个（或两个）职能线努力进取，平均每两三年上升一个等级，积累了很好的成功履历，并在接近 40 岁时被提升到第一个综合管理岗位上。

这一发展模式（见图 3-3）有时明显，有时则较为隐晦地与这些总经理所共同拥有的关键个人资产直接相关。例如，他们都具备关于他们的业务和公司的详尽知识，并拥有与公司及行业内相关人员建立起来的广泛、良好的人际关系，所有这些可以归结为共同职业模式的一个方面：长期供职于某一公司或某一行业。这些总经理并没有通过频繁的企业间的调动来获得职位上的提升。实际上，一个典型总经理 91% 的时间都从事当前的行业（界定较宽泛），81% 的时间供职于当前的公司。可见，至少部分是因为在某一特定环境中长期供职磨炼，才使这些总经理对所处环境有如此丰富的知识，也才能使他们与该环境中的其他人建立起广泛且良好的关系网络。

显然，总经理工作职位所要求的大量个人资产的培育与发展需要相当长的时间。这些卓有成效的总经理不是某个晚上"一蹴而就"的，也并非"天生"的，他们都是经过多年磨炼成长起来的。尽管这一模式适用于本项研究所有的总经理，但似乎对那些相对最为成功的总经理来说更是如此。

卓有成效的总经理行为方式的相同性

这些卓有成效的总经理运用他们的个人资产来应对严苛的工作要求的关键，在于某些特定类型的工作计划的拟定和应用，以及在其组织内部（和行业里）各种关系网络的建立和使用。

在具备了大量与他们工作要求相匹配的各种个人特质后，本研究中所有的总经理都以几乎同样的方式开展着他们各自的工作。最初，他们运用自己所掌握的与业务和公司相关的知识，运用与他人建立起来的人际关系，运用他们自身的智慧和人际交往技巧，以及运用其他个人资产来更多地了解自己工作的复杂要求，并开始设定所负责领域的工作计划。他们依靠一个持续、渐进且多为非正式的工作流程来达到此目的，这一流程包括提出许多问题，并拟定出一个相互联系但较为松散的非书面工作计划（见图 4-2）。与此同时，在上任伊始的几个月，他们运用这些相同的个人资产来与上下左右不同层次的人建立起合作关系网络，他们工作的开展需要依靠这些人的协助。关系网络的建立都是在非正式且持续的行动中进行的，同时使用了大量的各类手段和方法（见图 4-4）。在上任 6 个月到 1 年的时间里，他们才会将大量的时间与精力转移至计划的实施执行上来——着重于运用自己的工作关系网络来完成设定的工作计划（见图4-5）。

换言之，这些卓有成效的总经理并不是使用计划、组织、激励和控制等常规意义上的管理职能手段来开展工作的。相反，他们依赖那些更为随意、更为持续、更为含糊的方式来应付他们所面对的大量且复杂的工作要求。他们最重要的工作成果就是那些工作计划和工作关系网络，而并不是那些正式的规划和组织结构图。这些工作计划虽然与公司的正式规划不相冲突，但有所区别。工作计划所涵盖的时间跨度要比多数正式规划的更大，它们倾向较少的量化、较多定性方面的策略，它们通常也涉及更多的"人事"问题，同时它们也不具有正式规划那种严谨、理性、逻辑及顺承一致的特点（见图4-1）。同样，他们的工作关系网络虽然与正式的"组织结构"不相冲突，但也有所区别。这种关系网络包括了企业内外的各界人士，这些人通常都与总经理保持着某种超出常规工作关系的合作关系。这些人所形成的各种团体，特别是总经理的下属，相互之间形成了某种非正式的合作关系，至少对于总经理的工作计划来说是这样的（见图4-3）。

在日常工作当中，这些方式方法在关于总经理如何安排他们一天工作时间的大量共同模式中得到自我印证。特别值得指出的是，总经理们总是耗费大量时间与他人交往，讨论范围宽广的各类主题内容。在交谈中，总经理们通常会提出大量问题，但很少做出任何重大决定。这些交谈也经常穿插着大量的玩笑、逗趣及业余生活内容。实际上，许多这样的交谈讨论所涉及的大量主题对于总经理所负责的业务而言相对并不重要。总经理们很少下命令、做指示，但他们总是千方百计地对别人施加影响。他们的时间也很少事先进行详细安排，并通常是以简短和不连贯的谈话为特征的。所有这些需要耗费总经理每周稍少于 60 个小时的工作时间。

表面上看，这些日常行为和大体方法都是非专业性的。它们似乎显得效率低下，有"画蛇添足"之嫌，但深入研究一下，情况就完全不同了。通过对总经理工作方式方法和每天所做事情的认真考察，可以发现他们的行为方式是如何从总经理工作要求的真正本质和工作所涉及人员的类型中自然表露出来的。同时，也可以了解到这种行为方式行之有效的真正原因（这一点在图 4-9 中有概括性论述）。

这些成功总经理开展工作的方式方法与其工作本身所固有的困难和挑战直接对应（见图 4-6）。例如，由于总经理工作本身所固有的一项关键挑战是通过大量且多样化的人来使工作顺利完成，这些人包括并不直接向其汇报的公司职员、外界人士、下属、下属的下属和上司等，尽管这些人中的多数并不接受总经理直接管辖，但这些总经理要成功就必须行使人事和组织管理职能，并关注其直接下属之外的诸多相关人员。要做到这一点，他们就不能仅仅依靠诸如组织结构、人事甄选系统及福利体系等正规的管理工具，同时需要依靠更加宽泛的各种非正式策略和技巧。由于他们具有很强的人际交往技巧、积极进取的驱动力、良好的性格品质、丰富的专业知识和各种人际关系，他们有能力也有意愿去如此开展工作。

同样，总经理们的日常工作行为方式也源于开展此项工作的通行做法（有关一般性工作和个人特质联系的论述，见图4-7和图4-8）。例如，因为整个工作方法都集中体现在工作关系网络的建立和发展上，他们每天将大量的时间用在与他人的交往上就不足为怪了。尽管这一点开始时并不十分明显，但它说明在这样的环境下，进行这些经常性的、简短的、互无联系的交谈是可以理解的，且是具有有效率和效果的。

行为方式的差异

当然，并不是所有的总经理都严格以同样的方式行事。就他们开展工作的方式和日常工作内容而言，他们的行为方式在某些方面存在较大的不同。那些同样成功的总经理之间存在的各种差异常常使了解他们的人们感

到疑惑不解，他们不明白行为方式完全不同的人怎么会
获得如此相同的成就。然而，如果能够对总经理工作要
求的特殊性有现实的认知的话，这些差异性多数则是可
以预见的（见图 6-1）。

工作要求上存在的差异似乎与在这些工作职位上的
任职者的个人特质相关，这两者又似乎与总经理任职者
的行为方式相联系。工作要求越高，任职者个人特质上
的差异和他们行为方式上存在的差异就越大。例如，较
大型公司的总经理在上任伊始，往往就会拥有一个广泛
的工作关系网络，而他们在开展工作时也倾向于建立并
运用更大的关系网络，倾向于在日常工作中分配大量时
间通过预先安排的会面与他人交往。

促成这些差异性模式的力量同时是引致相同性的力
量，这里的机理可以归纳如下。

- 总经理的工作行为方式由工作本身及任职者的个
  人特质共同促成。仅具备关于两项中任何单个一
  项的知识都无法准确预见总经理开展工作的方式
  方法和其日常工作内容。
- 总经理的工作要求之所以促成其工作行为方式，
  是因为这些工作要求不仅对挑选谁来担当此任产
  生影响，还因为此人一旦上任就会对该工作要求

做出积极反应。这样一来，那些影响工作要求的各种因素必然会作用于工作行为方式的形成：

(a) 总经理的工作类型，更准确地讲，对工作职责和工作关系的准确描述。

(b) 业务和公司因素，诸如企业规模、产品或市场成熟度、经营业绩水平等。

- 总经理个人特质之所以促成其工作行为方式，是因为这些个人特质代表了任职者个人的工作能力，又体现了任职者工作意愿。这些关键的个人特质有：

(a) 诸如进取心、性格、认识导向和人际交往导向的各种个性因素。

(b) 不断积累的业务知识和工作关系网络。

- 由于存在的相关作用因素过多，以上所述的任职者个人特质和工作职位特征并不以某种单一的或机械的方式相结合进而促成总经理的工作计划设定和关系网络建立行为，但大体上：

(a) 任职者工作职责和相关职位要求的性质、个人所掌握的业务及企业的相关知识、个人的认识导向等都极为强烈地作用于工作计划类型和工作计划设定流程。

(b) 任职者工作关系和相关职位要求的性质、个人目前具有的工作关系网络以及个人人际交

往导向等都极为强烈地作用于所建立的工作
关系网络类型和工作关系网络建立流程。

● 总经理任职者接任工作一段时间后，他所建立的
工作计划和工作关系网络也成为影响工作行为方
式的重要因素。工作计划影响着任职者所做的事
情（工作内容），工作关系网络影响着其工作方式
方法（工作流程）。例如：

（a）工作关系网络越广泛，总经理独立工作的时
间就越短。

（b）工作计划中长期项目（诸如生产项目等）越多，
总经理聚焦于这些项目的工作时间也就越多。

总之，以上归纳总结的机理较为复杂，但完全可以
理解。

研究结果：综合评述

参加本研究的总经理都认为自己是"职业"经理，他
们都或多或少地接受过现代管理学的正规教育，多数具有
MBA 学位。然而，本研究最为根本的发现在于这些卓有
成效的总经理在许多重要方面，如他们自身的基本情况、
他们的工作内容、他们的工作方式等，都与当今对卓有成
效的"职业"经理人的主流认知相去甚远（见图 6-1）。

关键问题		流行观点
Ⅰ. 谁是卓有成效的"职业"经理?	• 他们具备哪些能够帮助他们开展工作的个人特质?	• 聪明,有分析能力,有管理工具、概念、理论等的知识都是关键的个人特质
	• 这些个人特质具有怎样的一般通用性或专用性?	• 具有普遍适用性
	• 这些个人特质是怎样形成的?	• 通过成人期的正规训练而形成
Ⅱ. 他们究竟做些什么?	• 他们是如何开展工作的?	• 他们设定正式计划,组织他们的下属落地这些计划,并运用正式的控制和奖励系统执行计划
	• 他们的日常工作行为是怎样的?	• 他们安静地坐在办公室里,阅读报告、分析数据、制定决策,并给下属以工作指示
	• 在不同的环境下这些行为是如何变化的?	• 不同环境中并没有什么差异
Ⅲ. 他们为什么这样行事?	• 我们为什么发现了这样的行为模式?	• 流行观点并没有对此进行说明
Ⅳ. 为什么有些人会更为高效?	• 取得优异业绩的关键是什么?	• 良好的训练、管理科学新近发展的知识、聪明和分析能力

图 6-1   有关卓有成效的

本研究结论

- 大量个人特质都十分重要，这些个人特质包括远大抱负、以成就和权力为驱动、平和的性情和乐观的态度、特定的认知和人际交往技巧、有关于业务和公司的详细知识、与该业务和公司内相关人员建立了大量合作关系

- 某种程度的专用性

- 通过一生的经历而形成——在儿童时期、接受教育阶段及早期的职业经历

- 最初，他们运用自己所掌握的业务和公司的相关知识，运用与他人建立起来的关系网络，运用他们自身的智慧和人际交往技巧，以及运用其他个人资产来更多地了解自己工作的复杂要求，并开始设定其所负责领域的工作计划。他们依靠一个持续、渐进且多为非正式的工作流程来达到此目的。在上任 6 个月到 1 年的时间里，他们才会将大量的时间与精力转移至实施执行上来——着重于运用自己的工作关系网络，通过直接或间接影响他人来完成设定的工作计划

- 他们花费大量时间与他人（包括同事、上司和下属、外界人士）讨论各种各样的问题，这些交谈通常较为简练且不连贯，也往往没有事先安排妥当，交谈中总经理会提出许多问题，但很少下达指令

- 不同环境中存在极大差异

- 总经理工作存在自身特性，该特性要求：①在充斥着不确定性、极大多样性和大量相关潜在信息的环境中做出决策；②借助大量且多样的下属、同事、上司和外部人士来执行决策，尽管对多数人并没有直接管理权限

- 具有与复杂的工作要求相匹配的大量个性特征

“职业”经理的两种观点

　　近来，有一位作者在自己题为"管理的职业"的文章里，这样概括了他对职业经理人的看法：

　　　　美国的职业经理们都生活在工业喧嚣之外，远离那些污秽、嘈杂且不可理喻的人群和产品。他们穿着华贵，秘书聪明能干。办公室布置得与其他专业人士一样——干净、宁静、氛围柔和。他们以一种镇定、理性、冷静且果断的方式计划、组织和控制着大型企业的运营。他们查阅电脑打印的文件，计算公司经营的利润和亏损，剥离或并购旗下子公司，启用对下级雇员进行管控和激励的系统，为每种特定情况制定通用的规章制度体系。他们头脑中的意念和工作中的内容都是关于财务、法律、会计和心理方面的。他们在处理新事物方面表现出具有惊人的抽象能力。正因为职业经理们拥有这种极强的概念抽象能力，使其可以相对容易地在公司间跳槽，且走到哪里都能够轻易地对人员和资金进行管理。他们对公司没有任何承诺和义务，善于快速转变，创造出投资机构所偏爱的短期利润。[2]

　　尽管我敢确定许多人，尤其是总经理自己，都会认为这种描述荒唐可笑，这种对职业经理的描述也显然与真正行之有效的经营管理相去甚远，但它的确是当今对职业经理的主流认知。商业学校、与经营管理相关的专业机构和管理类的图书、杂志及各种管理咨询机构几乎——至少在某种程度上——都认同这一主流认知。也就是说，它们无一例外地都极为强调通常的应用性管理知识——常规工具、概念和理论，并将其置于其他因素之上。

本研究结果表明，这些知识的确十分重要，但更为重要的是促成卓有成效的总经理的行为方式的过程所涉及的因素。进取心、性格、人际关系以及其他大量的个性特征十分重要；从呱呱坠地开始的个人成长经历十分重要；某种程度的专业性、责任义务及其与周边环境的匹配性十分重要；复杂、模糊且较为随意的行为方式也十分重要。所有这些都是由当今总经理工作职位的本质决定的。

对企业人才甄选、职业发展及员工培训实践的启示

本研究对企业人才甄选、职业发展和员工培训等实践有许多启示。在此，我们仅对那些最为明显、最为重要的启示展开论述。

寻找总经理人选：内部选拔还是外部空降

高级管理人员猎头行业如今十分发达，[3] 根据主管招

募顾问协会（Association of Executive Recruiting Consul-tants）1978 年的年度报告，该年度猎头公司搜寻量最大的职位就是综合管理类工作的职位，有 25% 的人才搜索都是为了填补这一类职位的。然而，本研究表明从外部空降经理的风险很大。"空降兵"尽管很有才华，也有非同一般的管理经历，但他可能缺乏某些在该职位上成功运营所必需的素质。具体来讲，他可能缺乏关于该公司和业务的相关知识，缺乏与开展这一工作所需依赖的人员之间良好且稳固的人际关系。在某些特定的环境中，一个才华横溢的外来者可以很快地掌握这些知识并建立起所需的工作关系网络，进而顺利且成功地开展工作。但多数情况下，他可能做不到这一点。[4]

本研究中的 15 位总经理（他们的经营业绩高于平均水平）没有一人是从企业外部空降至这一岗位的。然而，他们中有一位（弗兰克·菲罗诺）是从另一子公司调来并直接担当现任职位的，之前也是总经理。他的事例十分清楚地说明了这个问题。在之前的总经理职位上，由于没有时间针对某些情况进行全面分析，他曾出现过几次战略性失误（对此他自己也承认）。此外，他在实施工作计划时遭遇困难，他遭到了许多他并不认识的人的抵制。在经历了约两个令人沮丧且业绩平平的年头后，他被平级调到现在的总经理职位上。

当然，这并不是说不可以从企业外部空降总经理人员。相反，它表明应将总经理职位的外部招聘限制在下列情形中：

- 该职位上的相关工作关系和知识可以被快速建立与掌握，如在 6 个月之内完成（在相对成熟的产业里的一个小型公司的总经理职位就是这方面的典型例子）。
- 该职位上的许多关键工作关系和知识可以跨企业转移（例如，在一个成熟的产业里且所有业务都极为相似，同时所有关键的工作关系均是与客户或供应商建立起来的外部关系）。
- 当企业处于困境，不得不冒此风险（如企业处在扭亏为盈的时期）。

有迹象表明不少公司已经意识到它们必须在企业内部培养总经理的后备人才。[5] 但要想使这一策略发挥效用，它们必须制定出招聘政策，进而招聘那些有能力完成一般水平以上的工作，并且有潜力在未来 10~25 年中胜任总经理职位的年轻管理人才。这反过来要求企业有良好的经营规划，以便清楚未来企业需要管理哪些类型的业务；要求企业将经营规划同人力资源规划紧密结合，以便清楚未来企业真正需要什么类型的经理人员；要求企业具备成熟的高校或 MBA 招聘体系，以便能够准确地分辨那些的确有潜力成为企业未来所需要的人才。许多占据市场主导地位的大型企业已经在这些方面取得了一些实质性的进展，[6]但就我的了解，大多数的企业在此方面仍有很长的路要走。

培养总经理人才

基于以上观点，本研究表明企业必须善于运用系统的方法来对那些录用进来的具有较大潜能的年轻管理人员进行培育开发。这意味着系统性培育我们之前所说的"成功综合征"的发展。

在第 3 章中提及的"成功综合征"的一个重要方面与成长相关。多数卓有成效的总经理的职业特征都较为相似，他们的人际交往技巧和理性分析技巧、他们所掌握的与业务和公司相关的知识以及他们与相关的其他人的关系数量几乎都是不断增长的。在他们的职业生涯中，都不存在在没有任何积累的职位上的明显滞留期。同样，他们也很少频繁调换工作或出任那些变化过快的职位，以至于他们无法学到新东西并做不出更好的业绩。在某种意义上说，他们从不过快或过慢地调换工作职位。

在职业生涯中，总经理过频或过缓地调动工作都会产生严重的问题。对于那些极有天赋的人才，调动过频可能更需要引起注意。实际上，本项研究中就有两位总经理曾经饱受调动频繁之苦。在他们的职业生涯中，他们不止一次被赋予不同的工作职责，这种变换频率使得他们几乎无法学到任何所需要的东西，也无法建立起所需要的各种工作关系。他们在巨大的工作压力下超负荷工作，以致最终业绩走向下滑。

调动过缓则会以不同的方式危及任职者的职业生涯。如果一个人的职位变动过慢，他将基本无法最终实现他的目标。除一人外，本研究中的总经理都是在年满 40 周岁之前就开始担任他们第一份总经理工作的。

对总经理的职业晋升速度进行规范化十分困难。短期的业务或公司压力通常使得决策者们过快或过慢地调任人员；总经理自己有时也不可避免地过度加速自己的职位变换，这通常是由于他们没有意识到这一问题，或者是因为他们不知道应该参照怎样的"计速器"。较为合适的指标参数并不是（像许多人认为的那样）一段时期内升职的次数，也不是在多少个职能部门轮过岗或接受过多少次培训，而是些更加难于测度的事情：人际交往技巧和知识技能技巧的增长，与业务和公司相关的知识的增长，以及相关工作关系的扩大。

比如，本项研究中两位最为优秀的总经理之一（波林）头 10 年的时间共从事过 3 种不同的公司高级职员工

作。之后的 10 年中，他也仅领导过几个人，既没有运营
业务线的经历，也没有在公司下属各部门的直接工作经
验，而且在这期间也只得到一次明显的"提升"。以某些
传统的方式衡量，这是他工作经历中发展极为缓慢的时
期；然而以发展的观点来评断，这却是一个相对快速（但
并非过快）的发展时期。在该时期内，波林学到了该公
司及下属所有部门的相关知识。他与公司董事长和其他
高管都建立起了良好的关系，分派给他的工作任务也不
断地强化并拓展了他的工作技能和技巧。

　　一个看似十分缓慢的职业晋升历程，实际上却极有
可能是过快的。我曾遇到一位年轻的经理人员，他抱怨
说他在工作职位上似乎已经走进了死胡同，6 年来他没
有得到任何一次晋升。经过询问，我发现他这一时期内
因为一个工作轮换项目而进行了 3 次平级调动。每次调
动都进入了一个新部门，而这些部门又分属不同的行业，
其中一个部门的年增长率高达 60%（按销售额计算）。当
时，他正在想方设法说服上级管理部门调他到另一个不
同的部门任职。就他调动的频率来看，我想他不到 40 岁
身体就会垮掉。

设计和（或）选择培训项目

　　对于培训项目以及它们对于培育高效率总经理的作

用，本研究得到的最为重要的启示是，在向培训项目大
量投资之前进行较为周密细致的考察是比较明智的做法。
可能除了少数长期的、委托大学举办的培训项目外，本
研究没有任何线索表明那些走出校园后的培训项目在对
这 15 位总经理的工作有所帮助方面起到了重要的作用。
此外，本研究中的数据明显地表明，那些诸多的室内外
的培训项目，讲授的内容对那些总经理或准备成为总经
理的人来说并不适宜。

　　当前较为流行的一些"时间管理"方面的培训项目
就是这方面很好的例子。基于对管理工作本质的简单化、
概念性的认识，这些项目告诫管理者应避免任何人或事
来"干扰"自己的日常工作。他们告诉那些有成为总经
理潜质的人，说那些简短、缺乏联系的交谈是低效率的。
他们还建议人们必须自律，别让那些"无关"的人和事
务插到自己的工作日程中来。换言之，这些培训项目所
建议的人们的工作方式与本研究中那些卓有成效的总经
理的行为方式完全不同。

　　并不是那些培训项目在培育卓有成效的总经理上不
能发挥一点作用，可以肯定的是它们能，但作用极为有
限。在本章稍后的内容中，我将说明大学中的总经理培
训课程怎样起到作用。就室内的培训项目而言，如果它
们能够遵循以下指导思想，作用将十分明显：

- 帮助受训者了解那些与本企业和业务密切相关的特定信息和在其岗位上无法了解到的信息，而非那些普遍知识。
- 帮助受训者与那些有可能对他们将来工作提供帮助的人建立良好关系，并帮助他们建立起那些无法通过常规性日常工作建立的工作关系。
- 帮助受训者更为系统地对自身和自己的职业进行思考，以便他们能够更好地管理自己的未来发展，并使他们能够找到真正适合自身能力的工作职位。

人与工作的匹配

本研究特别强调从企业内部人才库中挑选总经理人选的过程应该包括一个决策的制定，该决策要确定后备人选中谁的个人特质与该工作要求最为匹配。实际上，任何层次的人事甄选都会涉及人与工作的匹配问题。理查德·帕玻利斯对此的阐释非常恰当：

> 如果一个人并不适合他的工作，那么他就必须不断地花费大量额外的精力来保证工作的正确完成，也就是说，他不得不在自然的激流中挣扎。这将需要极多的额外付出，效率也十分低下。如果同时这一工作又十分耗费时间和精力，

那么即便是最为强健、最具进取心的人也不会有如此多的精力，因此他最终还是会失败。这样的失败会伤害许多人。如果工作无法顺利完成，所有与工作相关的人都会受到伤害。并且，除非此人能够真正意识到是自己不适宜这项工作，否则他的自尊心将受到极大的伤害。

仅仅到最近才有一些公司开始意识到不同类型的综合管理工作需要不同类型的人才与之匹配。[7]尽管在这之前的相关研究结论极为有力地支持该观点，但本项研究中的大多数公司仍旧没有认识到这一点。本项研究中至少有两位总经理看起来似乎与其所担任的工作并不匹配，因此深受其害，工作也毫无起色。

我们发现总经理的工作类型、所从事业务的性质以及所在公司的性质都会在某些重要的方面影响到总经理工作职位的要求，进而需要不同类型的总经理任职者。例如，从某种程度上讲，根据总经理供职公司的历史长短、规模大小以及业绩良好还是亟须扭亏为盈等信息，就可以大体判断需要什么样类型的人来任职。

本研究还同时表明，人与工作的有效匹配不仅仅涉及对适合某一工作要求的人员甄选，还将涉及设计适当的工作职位以适应现有候选人的个人特质。这意味着公司高层管理者需重构一些工作内容以适应相应管理团队的个人特质和工作经验，或者意味着将一个大部门拆分成两个或多个小部门，以使对每个拆分后的新部门的高层管理职位的要求下降，进而较易于与相应人员相匹配；或者意味着剥离或限制公司采取多元化战略，借以确保总经理的工作是可以为人所掌控的。例如，我经常怀疑多数美国大企业集团之所以业绩平平是因为它们实施整合战略，导致整合后的对总经理的工作要求已经无人可以达到。[8]

对管理总经理的启示

对总经理人选的恰当选择和培育，以及对总经理工作足够的人员配备，虽然是必需的，但仍旧不足以确保有效的业绩水平。总经理们同样需要得到良好的管理。短期内，对于总经理的糟糕管理导致他们的工作行为与良好和优异的业绩水平要求发生偏离。此外，对于总经理的糟糕管理能毁坏"成功综合征"，并耗费极为稀有和宝贵的资源。

帮助新任总经理进入角色

本研究表明对于总经理的适宜管理应始于帮助新任总经理较为有效地进入工作角色。从操作角度而言，这意味着帮助他们设定自己的工作计划、构建自己的工作关系网络，而不是将他们的注意力引导到其他地方。

最初，一个新任总经理通常需要将大量的时间用于收集信息，建立各种工作关系，为其职责范围选定基本方向，以及发展自己的下级组织。在开始的 3~6 个月里，任何来自上级领导的指令去完成特定工作任务，或实施某一特定项目的要求都常常是有害而无益的。实际上，任何将新任总经理的注意力从工作计划设定和工作关系网络构建上明显转移开的指令都被证明是具有毁坏性的。

从积极的意义上讲，总经理的管理者如果对新任总经理进入工作角色过程中可能在某处出现问题较为敏感，并积极主动地在这些方面对他进行帮助，则该管理者可能起到了最大的帮助作用。新任总经理容易遇到麻烦的领域常常是可以预见的。例如，如果一个人仅仅是在某一职能部门中不断得到晋升，而目前已经被提升调任至独立事业部总经理的工作职位上（这是极为常见的情况，特别是在生产制造类企业中），由于缺乏目前向他汇报的其他部门的详细资料及相关知识，他首先就会在工作计划设定环节遇到问题。此外，如果一个人以前一直从事的是专业性工作、人事或辅助性工作，当一下子被提升至总经理职位上，其所管辖的人员骤然上升至成百上千人（这种情况在专业性公司中并不罕见），他将极有可能在工作关系网络构建上遇到极大困难。他不具备现成的各种网络关系，并且也不习惯花时间去构建这样大的工作关系网络。在这两个例子中，总经理的上司都能成为极其有帮助的教练，并可有意安排一些促进而非阻碍总经理应该进行的活动类型。

正式规划与绩效评价的作用

本研究和我在其他地方的观察表明，总经理必须运用的正式规划和绩效评价体系对他们既可能产生显著帮助，也可能阻碍他们的业绩水平。因此，它们共同构成了对总经理恰当管理或误导的工具手段，这一点在大型企业里更为突出。

本书第4章得出的结论表明，一个好的计划系统应该能够帮助总经理制订出切实可行的工作计划，并建立起执行计划的强大关系网络，应该鼓励总经理全面系统地进行战略性思考，同时关注长期和短期事宜，并在不考虑时间框架的前提下，重点思考财务、产品或市场及组织性问题。此外，一个好的计划系统应该是总经理用以辅助其建立关系网络的柔性工具，它应该给予总经理选择余地，基于他努力在下属中间营造的工作环境类型，他能够运用这一计划系统来辅助达成目标。

不幸的是，本项研究中多数组织所采用的计划系统和我在过去 10 年中所见到的其他企业所采用的计划系统并没有起到这种作用。相反，这些计划系统将一个刚性的"数据权衡"要求强加给总经理，这种"数据权衡"通常并不要求总经理在工作计划设定中做太多的战略性思考，同时它通过在公司员工中制造一些不必要的矛盾冲突，而使得总经理在工作关系构建及维系方面遇到许多毫无必要的困难。对此，我不禁想，要求总经理递交 1～5 页的经营战略陈述而不是 100～1000 页的"规划"，是不是会更加有意义？[9]

　　第 2 章的讨论表明，一套好的绩效评价系统既能够帮助总经理聚焦于整体工作，还能够帮助他对工作的各个方面进行适当的平衡。同计划系统一样，一个好的绩效评价系统应该是总经理用以作为其建立关系网络活动一部分的柔性工具。不幸的是，绩效评价系统，包括本研究中大量公司所运用的，却没有发挥以上应有的作用。通过强调并奖励短期绩效或量上而非质上的绩效水平，这些绩效评价系统通常使总经理实施平衡行为更加困难，同时通过在员工中间制造矛盾冲突，使得总经理在下级员工中建立关系网络的工作也更为困难。

允许适当的差异性

　　在总经理（特别是大型且多元化企业中的总经理）

的管理工作中，没有什么比允许（甚至可以说是激励）不同环境中的不同总经理之间存在合理的差异性更为重要或是更为困难的事情了。

由于种种原因，在所有组织内部都要出现各种要求统一、规范和标准化的力量。企业经营中的这种情况不能说是坏事，但这些力量却可能引发严重的问题，使处于不同环境中的总经理的行为方式基本相同。本书第5章已经明确指出，在不同的总经理工作环境中，是需要总经理以不同的方法和不同的日常行为来开展工作的。

在这一点上，在我看来，本研究中至少有两位总经理没有得到恰当的管理。这两位总经理所负责的业务与公司的"核心"业务之间都存在着明显的差异，然而公司对他们的管理就好像这种差异根本不存在一样。他们遭到各方面隐含或明了的压力——迫使他们与公司内其他总经理保持一致的行为方式，虽然这两位总经理都已认识到这些压力不合时宜，并加以抵制，但收效不大，同时还让自己付出了较大代价。在最近10年里，我看到过许多类似的事情。

同样的问题有时也与总经理的年龄差异有关。正如我们在第3章中所讨论的，年轻一代的总经理与老一代的总经理存在不同，这些不同反映了过去25年的社会变革。一个没有认识到这些无法避免的差异性的公司，将会误导其他年轻的总经理。[10] 本研究的企业中仅有少数几家是这样的。

防止"我无所不能"综合征

由于本项研究中的总经理都十分成功，由于他们都有着 20～30 年不断成功的业绩记录，这些人中有许多人似乎已经形成了"我无所不能"这样的自我认识。正如在本书前面的章节中所提及的一样，这些总经理中的多数人当被问及他们的长处和弱点时，他们居然常常哑口无言，实在令人感到惊讶。在 15 位总经理中仅有两位对这类问题的回答和我通过与别人交谈、对他们的观察、调查问卷等方式所收集的资料相一致。此外，当我问及他们关于他们未来情况的假设性问题时，多数人的回答都展示出他们自认为可以成功地胜任任何管理工作。其中仅有一人对某种较大的职位变动进行了认真的考虑，而多数人感觉他们在进行较大的职位变动时仍旧可以在新的职位上取得成功。对于某些总经理来说，他们所称的变动是在本行业的不同公司间，另一些人则认为即便在另外的行业中自己也能胜任新的管理职位。对于自己的技能、知识和工作关系到底具有怎样的专业性这一点，他们都显示出无意识的无知。

这一职业性问题具有两个不同寻常的特征。其一，这是一种通常只有十分强势的成功人士才容易感染上的"疾病"。那些多次遭遇失败的人倾向于被迫接受其不可能事事精通的事实。从某种意义上看，是挫折和失败使他们对这一"疾病"具有了一定的免疫力。其二，这种"疾病"常常潜伏在感染者身上，且并不会引发严重的问题。它的伤害只有在感染者决定到一个极为不同且不合时宜的环境中去施展身手时才会显露出来，而结果通常是致命性的。

多年来，我目睹了我的许多学生受到这一问题的困扰，而这些学生通常都是那些最为优秀的学生。年复一年地获得 A 级成绩、各种学业和运动竞技奖励及奖学金，这一切往往使他们整天沾沾自喜以致不知道自己到底是谁了，对自己到底擅长什么、欠缺什么根本没有清醒的认识。与多数人一样，他们多数人也不愿意将发展脚步慢下来并认真地对自己进行客观的自我评估。结果，每年我都可以看到一些天赋很高的年轻人决心未来走上总经理工作岗位，尽管他们并不具备多少我们在第 3 章中所识别出的那些总经理应该具备的个人特质。同时我也看到另外一些人，虽然他们的确具备了总经理工作要求的个人特质，但接受了看起来显然与其个人特质完全不匹配的行业或公司的工作（他们之所以接受这样的工作，通常是因为要么这一工作具有较大的职责权力，要么该工作能够提供极高的薪酬）。

这种"我无所不能"综合征会严重妨碍那些极具天赋的人的绩效水平，并会严重伤害到这些人的职业发展，它能够毁灭"成功综合征"。然而，这种疾病并非绝症。各种教育机构可以通过引导学生进行较为实际的自我评价来产生正向作用。但更为切题的是，总经理和预备总经理人选的管理者们对此可以起到极大的作用，通过工作分配和日常交往，他们能够帮助减轻或加重感染者的症状。

对正规教育的启示

当前许多大学宣称，作为自己使命的一部分，它们正在探索为将来可能成为总经理的人们提供培训或通过培训提升现任总经理的工作效率与效果。我们的确需要这样的高等教育场所，但深入考察当今多数学校为此目标所做的努力，效果的确存在许多问题。

招收录取

基于本研究的结果，人们可能会说在培育未来总经理人选的过程中，录取工作与课程设置具有同样的重要性（如果不是更加重要的话）。正如我们在第 3 章中所讨

论的，卓有成效的总经理的各种特质是从出生之日起就
开始形成的。当他们准备攻读研究生的时候，这些总经
理 25 项"共同特征"（参见第 3 章）中的 15 项已经清晰
可辨了，而当他们申请总经理培养项目时，这些特征中
的绝大多数都已经形成并非常明确了。因此，在培养卓
有成效的总经理的过程中，教育机构能够发挥的重要作
用之一就是人才选拔。通过对大量人员在相关维度上的
扫描，进而录取那些极有可能成为卓有成效的总经理的
人才，教育机构就能够为企业、为那些经理个人以及为
整个社会提供一种价值不可估量的服务。

　　然而，当前多数教育机构是否都正在提供这一非常
具有价值的服务？这一点并非十分明显。相反，更为明
显的是当前许多教育机构几乎都是单一地依靠分数和学
校评级来选拔 MBA 学员，尽管先前的证据表明仅仅采用
这些标准并无法与未来在管理中的成功有什么直接的因
果联系，但这些教育机构仍旧在这样选拔 MBA 学员。[11]
更有甚者，一些刚刚获得 MBA 学位授予权的学校好像
仅仅是基于申请人对学费的支付能力来选拔学员。许多
（如果不是多数的话）总经理人才教育在招收学员时甚至
根本不进行选拔，任何能支付学费的人都可以被录取。

　　如今，采用更为有效也更为适用的录取政策是完全
可能的。但对多数商学院来说，这样做意味着要投入额

外的精力和资源，意味着它们要对招收标准、课程设置
和职业结果三者之间的关系进行进一步的分析研究，而
这样的研究几乎所有的学校都有能力开展。

课程设置

此外，当你对多数综合管理培训项目的课程设置进
行考察时，你也会发现许多其他问题。本研究建议总经
理培训项目的课程应该关注以下几点：

- 这一工作要求的智力和人际交往能力。
- 直觉感知能力和逻辑分析技巧。
- 长、中、短期的经营活动、任务、职责。
- 上级、下级和平级之间的关系。
- 管理者真正做的工作及其原因。
- 一些总经理更为成功和满意的原因。
- 在不同环境中以上所列各项产生怎样的不同。

几乎没有多少培训项目在设置课程时能够满足一半
以上的上述要求。

在当前大多数培训教育机构的课程设置中，经营管
理中的智力因素往往比人际交往能力更加被人们重视；
逻辑分析技能一般都能得到培养，但本能直觉感知方面
却被忽视；中期和短期的活动和职责常常得到重视，而

对长期规划方面的关注不足；发展向下的关系能力得到开发，但忽视了平行同级关系的建立以及与上级关系的维护。对于管理者应该做什么给予了充分讨论（某人的理论观点），但并没有去探究优秀管理者实际上做了些什么；工作满意度研究极少涉及，而环境差异性的讨论更是被完全忽略。

如今，这些缺陷中的许多都可以得到修正和完善，其他一些则将需要更多的研究或思考。例如，尽管近来我们的认知水平不断得到提高，[12] 但我并不确定对于总经理工作人际交往方面的技巧或直觉感知能力，我们是否真正掌握了进行有效讲授的方法和途径。

当然，像直觉感知这类的技能可能是无法教授的，但这并不意味着它们就可以被忽略不计。如果它们的确无法教授，那么特质就应该成为录取招收条件的一个组成部分。不管怎样，它们必须得到系统性的关注与考虑。

职业管理

教育培训机构可以通过让总经理或总经理后备人选接受这里所讨论的理论观点，并帮助他们学会运用这些理论观点去管理他们自己的职业，从而帮助他们更加有效地开展工作。具体来讲，教育培训机构应该能够帮助学员：

- 自我评估是否真正具有与综合管理工作相联系的那些个人特质。
- 进入与自己的个人特质相匹配的公司或行业。
- 在他们的职业发展过程中，形成"成功综合征"。
- 一旦出任总经理职位，以行之有效的方法开展工作。

然而如果我们看一看当前这些教育培训机构的所作所为，就会发现在当今的现实与实际需求之间似乎存在着巨大的鸿沟。大多数教育培训机构仍然认为职业管理完全是学生自己的问题或所需关注的事情，它完全被视为是不值得花费学校的教学力量或教学资源去关注的"非学术"性问题。此外，就算有这方面的指导，也通常是以某人的行事方式或昨日的现实为基础的。

帮助学生提高自我评估能力并管理自己的职业发展如今已经完全可能，甚至可以通过设置一门课程这样的正规学术形式来进行，由一名专业教师向一个由 30~75 名学生组成的班级讲授该课程。我自己就有近 10 年的教授这样一门课程的教学经历，[13] 教学效果给我留下了极为深刻的印象。

开阔眼界

由于本研究中的总经理都为了有助于自己能够应对

严苛的工作要求而倾向专精于某公司或某一行业,他们
面临着一个非常重要的职业性危险。由于他们长年处在
一个外界波动有限的工作环境中,即使是最为聪明、最
有能力的人也往往容易形成许多本身是谬误的观点、结
论或原则。这很容易使他们产生狭隘的观念和看法。

这种狭隘的眼界在任职于历史悠久的公司的年长总经
理的身上表现得尤为明显。他们这些人经常把所处环境中
的一些重要因素视为一成不变的,甚至对一些变化因素
(如企业的战略)也是如此看待,或者对其他一些他们的
确试图操纵的因素(如组织结构)持有一些没有情报支
撑的观点。结果,在工作开展中,他们通常无法制定出
切合实际的业务战略作为其工作计划的一部分,也无法
构建起一个适宜的组织结构作为其关系网络的一部分。

在帮助总经理避免发生此类问题方面,教育培训机
构可以发挥极有价值的作用。它们可以通过以下策略达
到这一目的:

- 将处于不同业务及公司环境中的人聚集在一起。
- 向他们提出各类问题、可能性和各种思想。
- 挑战他们回应的结论、想法和观点。

我根本无法确定现在流行的经理人员培训形式能否
起到这一重要作用。那些通常在某管理者所在城市举办

的为期两三天的研讨会，对于向受训者传递较多的观点或帮助其克服已经存在于头脑中的一些结论性思想来说，似乎过短了一点。这样的研讨会所吸引的那些人通常还都是同一类人。

那些包括各种类型的人士且要求较高的培训项目是有较大帮助作用的，但许多公司及个人却都倾向于不愿参加这样的培训项目。时间较长的培训项目大都花费不菲，且会影响到公司的正常经营运作和个人的家庭生活。这一倾向可以理解，但遗憾的是目光过于短浅。

对管理理论及研究的启示

即便不是立竿见影，但通过长期的努力，好的管理理论和研究也将有助于提升总经理的业绩水平。本研究给出了许多有关这类理论和研究的启示。

对管理行为理论的关键启示

管理行为理论是一系列明晰且相互联系的观点（至少我是这样认为的），这些观点包括①管理者们实际在做些什么（即管理工作的本质）；②在不同环境中，他们的工作内容存在多少以及会发生怎样的变化和差异（即管理工作在不同类型的管理工作职位上或不同环境中存在怎样的差异）；③为什么管理者们这样行事（即管理者个人特质和环境因素怎样影响其行为方式）；④该行为方式的效果如何（即为什么有的更为"行之有效"，为什么有的人更具满足感）。

本研究同时表明好的管理行为理论应该至少具备以下特点：

- 它们必须至少包括四类变量——个人的（个性和背景特征）、环境的（工作、业务、公司）、行为的和效果的（一些业绩测量方式）。实际上，多数管理行为的研究工作之所以得出那些相互矛盾或令人不快的结论，是因为这些研究都直接与在其理论体系中缺少指导研究工作的种类变量相关。具体来讲，由于忽略了环境变量，早期那些试图识别管理者个人特质的研究工作，[14] 那些研究个人特质与工作绩效相关性的工作，[15] 以及那些研究行为方式与工作绩效相关性的工作，[16] 都没有取得什么有价值的收获。

- 好的理论必须认识到管理者所处的环境是非常复杂的且在不同情况下在许多维度上都存在着重要差异。20世纪以来所进行的大量关于领导力的研究之所以影响不大，其原因很可能主要在于即便考虑到了环境变量的影响，这些研究也只是在将其简单化处理的理论指导下开展的。[17]

- 在个人变量类别中，好的理论应该包括广泛的个人背景及历史发展性变量。那些忽视或低估个人发展历史变量的理论，几乎会不可避免地导致变化及动态机理方面毫无准确性的结论。关于各类管理培训项目的研究常常显示出它们毫无效果，[18] 其关键原因就在于这些项目基于一种非历史的、即时的管理行为理论。

- 就行为变量而言，适当的理论必须包含各类变量、概念和关系，这些变量、概念和关系要与决策制定和执行、下属与经理及经理与他人的交往互动相关联，即必须包含有关行为的各方面因素。关于管理行为的早期研究工作收效甚微的另一个原因，就在于它们是在那些仅仅聚焦于非常有限的行为领域（如经理与下属的交往互动）的理论指导下而开展的。[19]

- 同样就行为变量而言，适当的理论必须包括处于不同时间区间（1年内或24小时里）的行为概念，且对此有十分清晰的表述。近期的管理行为研究成果和多数的传统管理理论之间难以相互印证的原因之一，就在于它们所聚焦的行为分别处于不同的时间区间。新兴的研究工作侧重于日常行为，而传统的研究工作侧重于更为长期的行为模式。

对研究课题的关键启示

就研究设计而言，本研究并不是那种可以"证明"什么的研究。参与研究的人数有限，尽管已尽可能地避免偏见的产生，但选择参与者和收集数据的方法都存在明显的不足。本研究真正所做的在于有关相应变量及其关系的思想观点的归纳与提炼，这将成为后续研究的基础与方向。

在诸多有关管理行为的研究项目可以包含的大量问题中，本研究认为以下所列是最为重要的：

● 与各种不同的管理工作类型（例如，营销类或财务类工作，处于中层或低层的工作）相联系的是哪些职责、关系和工作要求？它们之间以及与总经理工作存在怎样的相同点和不同点？

● 企业规模、产品或市场成熟度和业绩水平是不是导致处于不同情况下的同一类型工作之间存在工作要求差异的最为重要的环境因素？又或者是诸如产品或市场多样化程度或企业文化等其他因素更为重要？

● 处于不同管理工作类型的卓有成效的总经理的个人特质存在多大的差异？本项研究中所列出这些发现是否对所有总经理有普遍适用性？

- 卓有成效的管理者的个人特质是怎样形成并发展起来的？他们的童年时期、求学时期和早期的工作经历相对具有多大的重要性？那些重要的发展动因对从事不同类型的管理工作的成功管理者是否存在差异？对女性管理者呢？

- 成功的管理者如何思考问题、制定决策和设定计划？他们头脑中在想些什么？涉及哪些有意识或无意识的思维过程？处于不同工作类型或工作环境中的成功管理者之间在这方面是否存有差异？原因是什么？

- 处于不同环境中或不同工作职位上的管理者建立和运用关系网络的策略是否存在较大差异？如果是，这些差异的形成原因和方式是什么？再者，特定的个人技巧、能力和偏好是否与他们采用的策略密切相关？

- 可否根据单一的环境变量或个人变量来预测日常行为模式，还是必须综合考虑各类变量因素间的相互联系与作用？

对方法论的关键启示

对上述所列问题进一步思考需要更加纵向的、历史的和多元方式的实地研究，同时意味着不再强调对目前十分流行的单一研究方法——调查问卷法的应用。不幸的是，把我们的重点研究方法从单一的调查问卷法转向更加纵向的、历史的、多元的方法绝非易事。

最近，我再次研读了威廉·F. 怀特（William F. Whyte）所著的《街角社会》（*Street Corner Society*）的附录部分。尽管我们所研究的对象是两类完全不同的群体（怀特关注的是处于社会底层的男性，他们常常失业，并居住在意大利 – 美国的贫民区中），研究开展的时间段也不相同（怀特的工作开展于 20 世纪 30 年代），研究所涉及的范围和时间也不尽相同（怀特的研究范围更广，花费的时间更多），但我为我与他在实地研究中的相似之处感到震惊。我认为这些共同性（在这里我将对主要的共同性进行讨论）说明了有关实地研究方法的一些重要的东西，说明了这类研究数量很少的原因，说明了我们要摆脱对调查问卷这种单一研究方法的依赖所需要的条件。

第一，实地研究往往极为耗时。怀特在其整个历时四年的研究中整整花费了两年的时间进行实地调研。在我历时五年的研究中，我花费了两年的业余时间进行实地的资料收集工作。这种经历并不少见。[20]

年轻的研究人员要么缺少时间，要么缺少动力去开展长期的研究项目。学术界的激励系统与商业公司的极为相似，都倾向于奖励那些短期且可计量的项目。一个

将其所有时间都投入到实地研究中去的助理教授，在晋
升副教授时会由于达不到诸多高校的职称晋升标准（学
术论文与著作的发表量）而失去晋升机会。

年长的研究人员，如终身教授，虽然不用冒失去晋
升机会的风险而从事实地研究，但他们也很少有人这样
做。究其原因，在于当他们获得终身教授资格的时候，
他们已经做出了很多需要投入大量精力的承诺。他们要
承担许多教学任务、行政事务、咨询义务以及家庭义务。
他们与年轻的怀特不同，不可能选定一个实地研究课题
便一头扎进去搞上几年。此外，我想他们也不愿意再承
受那些他们在早年生活中承受的苦痛和折磨。[21]

第二，实地研究之所以较少开展的另一个相关原因
与难以找到适当的观察点且较难征得配合参与者的同意
有关。获得调研允许和合作支持极为困难和费时，而找
一群学生或下属，花 15~60 分钟填写调查问卷相对（实
地研究）而言显然要容易得多。调查问卷容易得到研究
对象的支持，且无须付出太大的努力，实地研究则要求
相当多的精力和时间，研究对象也常常很难落实。因此，
成功获得研究对象的合作与支持既需要时间与资源，还
需要认真的态度和娴熟的技巧。然而，许多研究人员并
不完全具备这些条件。

多数研究人员所具备的基本技能都与思维相关——

一种将事物概念化、抽象化的能力，一种要求精确和准确的能力，一种逻辑性严谨的能力。那些善于交往及建立人际关系的人，往往不会被选入研究人员的行列，然而，对于实地研究而言，这些交往技能却是必不可少的。

这些有用的影响他人的技能通常也不在社会科学的研究生教育内容之列。即便在哈佛商学院这样推崇实地研究的院校，我们也很少系统地教授学生关于获取研究场所、说服研究对象等方面的方法。我也从未见过一本标准的研究方法论教材恰当地论述过以下一些基本的观点。

- 一位受人尊敬的领导在实地研究中的关键作用。怀特谈到一个人——道克（Doc）——如何给他提供了他需要的调研方便时，连他也感到惊讶："当时我真是感到难以置信，就像道克所说的那样轻松，在他的帮助下我轻易地进入了研究环境。一切都那么自然，真是水到渠成。"[22] 我自己的经历也证明了同样的问题。当一位受人尊敬的总经理说"我准备好了"时，我就很容易地开始了实地研究。

- "逻辑性解释"与人际关系的作用。怀特总结说，他"在这个地区被人们接受，主要是依靠我在这里所建立的人际关系，而并非基于对于此项研究的任何解释"。[23] 我也有同样的经历。我发现自己有时想运用逻辑的语言向对方解释我正从事的研究项目（就像我对学校同事解释那样）时，我便无意中失去了进入观察地点的机会和对方的帮助。

- 忍耐力的重要性与过于直接和快速提问所产生的问题。怀特讲述了他从道克处得到一个深刻教训："对'谁''什么''为何''何时'以及'何地'等类的问题别太认真，随意些。如果你问这类问题，别人会拒不开口的。如果人们接受你，你可以仅仅与他们逗留闲谈。日子一长，你就是不问这些问题，也会得到答案的。"[24] 这同样与我所经历的相似。

此外，获得允许与合作不仅需要技巧，还得有正确的态度，这才能使一个人接近他所观察的对象。显然，怀特是发自内心地喜欢他书中所描写的人的，并在与他们接近、相处的过程中开展工作。[25] 我想我自己对本研究中的大多数总经理的情感也是如此。然而，学者通常不喜欢或信任管理者（或任何掌有权力的人），这样的态度使他们除了采取像调查问卷或二手数据收集这样远离研究对象的方法之外，别无他途。

除了时间和认可障碍外，第三个限制实地研究开展的问题在于这类研究无法以与传统"科学"的观念相匹配的"纯方法"来进行。例如，传统科学观念认为，除了计划性和控制性的试验外，好的研究中的研究人员不应该影响研究的对象。就像怀特请求道克帮助他开展研究那样（和我所做的一样），[26] 与研究对象合作的想法会被视为荒谬无稽的。此外，科学研究应该发生在清晰计划的过程中，而实地研究趋向于更易发生变化。怀特说他的研究目的就随时间曾几次发生改变，[27] 同时数据收集和分析也是高度交织在一起的。[28] 我发现同样的情况在我自己的研究中也发生过。正是由于这些问题的存在，研究者们都有意避开这种所谓"不科学"的实地研究工作。

总之，在社会科学研究中我们没有看到更多的实地研究项目，原因是多方面的，许多类似上述的因素限制了纵向的、历史性的研究工作。如果我们要在本章所列的研究问题上取得真正的长足进步，如果我们要发展本研究所建议的这些理论，我们就必须想方设法跨越这些障碍。挑战肯定会十分巨大，但收益也会十分明显。

关于本研究

本次调研的总体目的十分宽泛，基本上以下面几类问题为线索而展开：

- 综合管理工作究竟是什么样的？该工作对总经理任职者提出了怎样的要求？在不同类型的总经理工作和各有差异的业务与公司环境中，这些要求存在多少不同，存在哪些方面的不同？是什么原因导致了这些要求的差异性？

- 什么类型的人更易于成为卓有成效的总经理？如何对此种类型的人加以识别？为什么这些人在总经理工作中富有成效？在不同的工作环境中，卓有成效的总经理的个人特质上存在何种程度的差异？在哪些方面存在差异？这些差异性的原因何在？

- 卓有成效的总经理到底在做些什么工作？他们如何开展工作？他们通常每天都做什么？他们为什么这样行

事？在不同的环境中，这些行为在什么程度上、以什么方式产生差异性？这些差异产生的原因是什么？

在这些问题的引导下，本研究成为对在特定工作类型中工作的人群进行考察分析的首创性研究。严格来说，本研究不是关于管理或综合管理理论的研究，因为后者往往以各种工具（例如产业分析和竞争分析方法）、概念（例如战略）或原则（例如控制跨度）来进行界定。当然，本研究的发现与以上所列及其他管理主题存在着极大联系，但这些主题并不是本研究所关注的核心所在。同样，本研究也并不是对各种经营管理人员的研究，尽管本研究的许多发现对现代组织中的管理性工作和专业性工作都具有较为广泛的适用性，这一点读者可以自己判断，但本研究所关注的主题要窄得多。

针对上述各类问题的解答而进行的研究设计是以我先前关于管理人员的研究[1]和我本人在 20 世纪 70 年代的研究工作[2]为基础的。本研究对信息的收集提出了较高的要求，需要收集有关总经理的工作性质、每位总经理的背景及个性特征、总经理的工作行为方式以及该行为所产生的影响（后果）等各方面的大量信息。这需要运用大量各种不同的方式方法来收集这些信息，包括现场观察、访谈、问卷调查以及相关文献收集。[3]

调查过程

本研究通过向各公司负责人发调研请求函以得到与这些参与者的接触机会。一共发出了 12 封信函，只遭到了 3 家公司的拒绝。得到确认后，我在一位公司领导的协助下挑选出 1～3 位总经理作为备选对象，并与其本人进行适当接触。当有一位总经理同意参与我们的研究后，便紧接着召开一场 1 小时或 2 小时的介绍会，在会上共同对本研究的细节进行交流讨论，并获取一些关于该总经理工作环境的粗略信息，制定出如何有序开展此项工作的草案。在会上，我同时还会表明需要一些关于该总经理的工作情况、所效力的公司及所从事的行业方面的文本材料，这些文本材料通常是一些组织结构图、产品名册、1 年或 5 年的发展规划以及有关公司、产业或总经理本人的杂志文章或图书等。

在 1～3 个月后的某一时间，我将再次找到该总经理，但这一次与他相处 3 个整天。在这次会面之前，我研究了从该总经理处收集到的所有信息。在走访期间，我的大部分时间都用在了观察和记录所见所闻上。这位总经理到哪儿，我就跟着到哪儿，记下所发生的一切。如果他参加正式的会议，我同样参加；如果他坐下来阅读邮件，我也坐在旁边寸步不离；甚至是当他乘飞机出差去另一个城市，我也同他一起飞去。在实地观察之余，我对同该总经理共事的关键人员进行访谈（通常有10位受访者，包括其下属、上司和同事），有时也对该总经理本人进行访谈（访谈提纲请见附录B）。在大多数情况下，我会与这位总经理交谈数次，时间总共有3~4个小时。在少数情况下，我还会与总经理及其夫人共度一个晚上的时间。访谈结束时，我会发给这位总经理两份调查问卷，并让他填写后寄给我（见附录C）。

在4~7个月后，再次对该总经理进行为期1天半到2天的拜访。这次拜访前，我会回顾并深入研究他寄回的调查问卷和上一次观察了解的情况。这第三次拜访除了没有对"关键人员"进行正式访谈（除非上次有所遗漏）之外，基本与第二次大致相同，我只是对该总经理进行观察和访谈。此次拜访结束时，我通常会要求他提供十几页具有代表性的日常例行日程安排表的复印件。

这一次拜访结束后，我会对所有收集到的信息资料进行组织并分析，然后写出关于该总经理情况的简短总结文档。

实际调研方法示例

对这些总经理所采用的研究过程会因人不同而存在

细微差别。例如。对约翰·辛普森的研究过程如下。

1978 年 6 月，我写信给约翰所在银行的董事长，请求该银行参与到此项研究中来。图 A-1 就是这封信的内容。之所以要选择一家银行作为研究对象，是因为金融服务目前已经成为美国经济生活的一个重要部分，而之所以选择约翰所在的银行是因为其与哈佛大学有着某种渊源，并保持着良好的关系（因此，在参与本项研究的意愿上，该银行比一般的银行要强）。

尊敬的领导：

哈佛商学院研究中心资助一项由本人主持的关于总经理任职者的研究项目，为期 3 年。此项调查研究旨在对 15 位总经理任职者展开详细的考察，内容涉及这些总经理的个人情况、他们的工作方式、他们每天所从事的活动、他们所遇到的问题及处理这些问题所采取的方法等。此项研究的目的在于大大增加我们对综合管理工作的任职要求和各类参数的了解，以及对卓有成效的总经理类型、高效开展该项工作的具体行为方式和在不同公司及业务环境中所存在的差异等方面的了解。

我十分想了解贵公司是否愿意推荐 2 位或 3 位总经理参与本研究。参与本研究项目意味着接受我在 6 个月里分 3 次对他们进行造访，每次为期约 2 天，目的是和他们交谈，在工作中对他们进行实地观察，并和那些与他们有密切工作来往的人士进行简短的访谈。我对每位总经理的调研总结都将送交给总经理本人，而整个研究的最终成果也将送达每位参加者及其所在公司。

如果您同意我的请求并愿意与我共同选定贵公司参与本研究项目的人选的话，请通过信函或电话（617/495-6373）与我联系。届时，我将就您对本研究项目所存在的各种疑问进行解答。如果我们就合作研究达成一致，我将与入选者接触并征得他们的同意。

如果我校能够在商业教育中独占鳌头，那将是像您这样的热心慷慨之士无私支持的结果。真切希望得到您的帮助。

您诚挚的，
约翰·科特

图 A-1　调研请求函

　　信寄出 2 个月后，我接到该银行人事部主管的电话，说银行原则上同意参与到这项研究中来（有些公司回复很快，大约就在 2 周内，有些则回复得很慢，大约是在 4 个月以后）。他表达了想与我面谈的意愿，于是数周后我们在他的办公室见了面。我猜想这次面谈的主要目的是考察我的可信度，这方面我表现得体。会谈中，我回答了他所提出的关于本项研究的各种问题，最后我们共同选定两位总经理作为拟定的调查对象。我们的选择标准是：①他们处于该银行的不同部门（零售金融和商业金融）；②他们更可能愿意参加本项研究；③他们的上司更可能会同意他们参加。这次会谈的 2 周后，这位人事部主管打电话告诉我说，所选定的两位总经理中有一位已经同意参加，而另一位——约翰·汤普森——也基本同意，但想与我先谈谈。

　　我在 9 月的一天通过电话预约了汤普森，并在他的办公室见了面。我想这次见面的关键仍是关于我的可信度的问题。我们大概交谈了一个半小时，过后他欣然接受了本项研究的邀请。然后，我趁机询问了一些他个人的背景情况（工作经历、目前的家庭情况等）和他的业务情况（业务规模、产品等），并同他一起对可能有用且可以获得的文档资料进行了确认。接下来，我们找到了一些产品名册、一份该银行的年度报告和其他一些文件。会面结束时，双方同意在 1979 年的春天开始这项研究工作。

　　1979 年 1 月，一次将在 2 月份进行的为期 3 天的访谈被确定下来。他的秘书安排了与银行内其他 8 位相关人员的访谈，时间为每人 30 分钟到 60 分钟不等，人员包括他的上司、直接下属以及一个与他紧密共事的人员。关于会面的安排我提出 3 点希望：①第一天不安排任何会谈或安排尽可能少的会谈，以便我能先熟悉一下环境；②连续的会谈不超过 3 个，以避免会谈疲劳；③当汤普森的工作日程上安排了重要事项时不进行会谈。为了准备这次造访，我将事先对从汤普森处获得的资料进行仔细的研究。

　　我于 2 月 5 日乘飞机抵达纽约并住进一家宾馆。第二天上午 8 : 25 左右我到达银行，汤普森于 8 : 30 到达，后面紧随着他的一位下属吉姆·拉森（Jim Larson）。汤普森向我介绍了吉姆，然后他们交谈了大约 15 分钟；我坐在他办公室的一张椅子上，对他们的谈话做了记录。吉姆离开后，汤普森简单地向我描述了他这一天的工作安排，然后就开始审阅放在他桌子上的一叠文件。在这次访谈中，在汤普森没有与别人交谈的空隙，我抓紧时间补充我的笔记。譬如，在他交谈的空隙，我画出了他办公室的结构草图，记录下了房间的大致面积、装饰和座位摆放等情况。9 : 05，汤普森要他的秘书简·帕尔默

（Jean Palmer）为他做些具体的小事。9∶10，他接了一通电话。9∶15，他叫巴德·卡森（Bud Carson），一位会计人员，来办公室谈谈他正准备的去年第四季度的报告。9∶20，巴德离开，同时汤普森的一位下属——托尼·布朗（Tony Brown）走了进来。汤普森先简要地询问了一下托尼的健康状况，然后交给他两件事去处理。9∶30，托尼离去。

这一天的工作模式基本都是这样的。汤普森开展他的工作，我在一旁做记录。每次见到我不认识的人来，汤普森都给我做介绍。来的人不同，他的介绍方式也不尽相同（一般对上司或同事他会花较长点的时间介绍我的身份）。这一天主要的事件包括一个关于所有"问题信贷"的讨论会，一个全体人员参加的历时1个小时的月度例会，一个议题为促进落实某一领域落后业绩增长的营销方案的特别会议。这一天工作结束时（5∶30），我的笔记本已经记到了第50页。

第二天一早我同汤普森一样8∶30来到银行。我们简要地就前一天的工作情况进行了交谈，直到来了一通电话。这一天除了和汤普森在一起外，我用了近4个小时的时间对银行其他相关人员进行了访谈。我在一间空着的办公室里和大多数人进行了访谈，总体上感觉这些人热情且诚恳。我询问了他们的个人情况、工作情况、所在的部门等，也向他们了解了有关汤普森的情况——他的行为方式、他作为总经理的效率等。这一天汤普森的主要工作包括与一位银行客户的会谈，关于一项不良贷款的会谈，对一位工作不称职人员的处理方式的讨论。下午 5：15 时，我的笔记本又记下了满满 50 页。

第三天的情况与第二天大致相同。这一天结束时，我交给汤普森两份调查问卷，一份是关于其家庭情况、受教育情况、工作经历以及他对他的工作、职业、雇主、生活方式与家庭情况的满意程度的调查，另一份是关于他的个人喜好的调查——他喜欢的和不喜欢的、他的生活态度和价值观等（见附录 C）。我请他填好后在两三个月内寄给我。

5 月初，我打电话给汤普森并同他预约 6 月份的某两天时间，进行我的第三次也是最后一次造访。就在这次造访开始之前，我详细察看了他寄回的调查答卷和我前两次的调研记录。我于 6 月 18 日飞抵纽约，并与汤普森交谈了近一个小时，主要是了解一下在我上次离开期间银行里又发生了哪些重要的事件。在这两天的时间里，我们在他安排得满满当当的工作日程中见缝插针，进行了总共近 3 个小时的交谈。我问了他许多问题，内容涉及他的个人背景、工作经历、开展工作的方式方法、他所负责的业务、公司以及总经理工作职位本身。其他时间所做的事与前一次大同小异，我跟着他开了一个又一个会，见了一个又一个人。第二天快要结束时，他让我就这几次的所见所闻谈点感想。我说了一些感想，并和他进行了讨论。趁机，我再次向他索取一些他工作计划安排的复印件。我对他给予的帮助表示感谢，答应与他保持联系并随时告知他研究的进展情况，之后便离开了纽约。

研究过程回顾：几点反思

除个别事例外，[4]这次访谈过程带给我的信息与对所有 15 位总经理的调研结果基本相同。资料收集的来源广泛多样，因此信息的可信度可以较易得到验证，"相机抉择"的信息也可以加以识别。访谈涉及了多个领域，信息包括这些总经理的个人背景、个人特质、行为方式、业绩水平、雄心抱负，以及其工作、公司、业务、行业等方面的信息资料（见图 A-2）。总之，调查全部结束时，我所收集到的每一位总经理的相关信息材料，有 10～20 厘米厚。

本调研过程中最为困难的一面（至少对研究者来说是这样）与人的耐力有关。整天一刻不停地跟着总经理有时也的确是件难事，而我在这次调研中所扮演的角色使得这一工作更为吃力，在某些天里我不得不做上百页的笔记。

数据资料收集方法

1. 对总经理进行访谈——加总起来大约有100个小时
2. 对与总经理共事的相关人员进行访谈——加总起来大约有200人
3. 对工作中的总经理进行现场观察——加总起来大约有500个小时
4. 收集相关的文档资料（5年规划、工作描述、日程安排、年度报告等）——大约有5 000页
5. 问卷调查——每位总经理填写两份

收集的数据资料的内容

1. 总经理的背景资料
2. 他们的个人特质
3. 他们的工作
4. 业务和公司环境
5. 他们的行为方式
6. 工作行为的结果

资料来源和资料内容之间的关系

资料内容 资料来源	背景资料	个人特质	工作及内容	行为方式	经营效果
调查问卷	＊＊	＊＊		＊	＊
现场观察		＊	＊	＊＊	＊
工作安排簿				＊	
与其他人进行访谈	＊	＊＊	＊＊	＊＊	＊＊
与总经理本人进行访谈	＊＊	＊	＊	＊	＊
书面文件			＊＊		＊＊

注：＊＊——一手资料；＊——二手资料。

图 A-2　调研过程小结

得到接近这些总经理的机会虽然有些费时，但并不像我当初所担心的那么困难。只有为数不多的几个人和几家公司拒绝了我的调研要求。作为一个观察者和采访者被人接受通常较为不易，但经过努力也是办得到的，

其中的关键是想方设法博得总经理的信任。只要总经理明确表示"我准备好了"，公司其他人也就很容易接受了。说服总经理同意让我整天一直跟着他们进行现场观察是需要费些功夫的，但这也并不成为什么问题——15位总经理中只有3位拒绝我参加他们所有的会议，其中一位2次拒绝我参加他们公司的会议，一位拒绝了4次，最后一位则只有1次。这些会议无一例外都是他们与上司之间的会谈。

1979年8月我完成了对最后一位总经理的最终访谈工作。之后不久，漫长而枯燥的资料筛选工作就开始了，这一工作大约进行了两年的时间。

附录 B

访谈提纲

对与总经理相关的人员

对与总经理工作相关联的其他人员，通常每个人安排 1 个小时的访谈。准备向他们提出的问题如下所列：

1. 你的个人背景如何？你在公司工作了多长时间？与总经理认识多久了？在现任工作中，当前你所遇到的最大问题或挑战是什么？

2. 如果要对总经理的工作环境有个清晰的认识，需要了解哪些关于公司和行业的主要信息？

3. 无论好坏，他（总经理）在工作中都做了哪些事情？他那样做的原因是什么？这些事情产生了怎样的影响？

4. 你通常与总经理怎样进行互动？频率是多少？为什么？他（总经理）做了些什么？能否举例说明？

5. 你对他作为一名经理和一个人，都如何评价？

6. 你对总经理的工作业绩如何评价？为什么？

对总经理

对所有总经理的访谈一般都进行 3～5 次，共计 4～5
个小时。准备向他们提出的问题如下所列：

1. 请描述你所在行业的主要特点。

2. 请描述你所在的公司情况。

3. 请描述你的工作职位的情况。在这一工作职位上
怎么样才能算得上是卓有成效？

4. 按时间先后顺序，请说说在你任期中都发生了哪
些重要事件。事件中你做了些什么？为什么这样
做？这样做产生了怎样的作用？出现了哪些问
题？你是如何处理这些问题的？

5. 在最近几年中，你所不得不做出的最棘手的决策
是什么？

6. 在过去几年中，你生活中的巅峰和低谷事件各是
什么？

7. 你自己认为在现任工作职位上的成就如何？你这
样自我评价的原因是什么？成就的衡量标准是什

么？这些成就对你个人、对工作以及对促成这些
成就的周边环境都有什么影响？你觉得自己在哪
里供职会更加成功？为什么没去？

8. 你如何描述自己的管理风格？在最近5～10年里
你的管理风格发生了怎样的变化？

9. 你所追求职业目标是什么？你一生追求的目标又
是什么？

10. 就某天观察到的事件：当你×××时，你心里
最想做的事是什么？你为什么想要那样做？为什
么你通过这种方式行事？

11. 所观察到的这些事件的典型性和特殊性怎样？

附录 C

调查问卷

在数据资料收集过程中使用了两份调查答卷。一份是标准工具，另一份则是特地为这次调查研究所设计的。

斯特朗 - 坎贝尔兴趣量表

本研究中的所有总经理都填写了一份名为斯特朗 - 坎贝尔兴趣量表（SCII）的测试问卷。SCII 包含 300 多个问题，涉及个人对不同职业、学校课程、各类活动、娱乐活动及不同类型的人的个人偏好（喜欢、厌恶或中立）。该测试的输入就是人们通常称为"兴趣""喜好"等的信息。SCII 并不涉及人的智力、能力和技巧。

该工具利用这些关于个人兴趣爱好的信息，计算出一系列的"分值"，这些"分值"通常反映在以下 3 个方面：①一般性职业主题等级量表；②基本兴趣爱好等级量表；③职业等级量表。对于每组数据的得分，都将接受测试者与男性或女性的普通水平进行比照，或与诸如银行家、广告策划经理等特定职业的男性或女性的平均水平进行比照。

职业等级量表

职业等级量表旨在反映填表人自己的兴趣爱好与某一特定的男性或女性职业群体（如女性银行家或男性工程师）兴趣爱好的相似程度。具体讲，100 多种职业等级量表都是按下述标准设计的：

1. 大约 150～450 名由男性或女性组成的群体，他们都被认为是在目前的职业上愉快地工作着的人，并且他们至少在这一职业上已经工作 3 年（实际上这些人的平均任职时间往往都是在 10～20 年）。
2. 要求这些人对 SCII 中的 325 个问题作答。
3. 一旦当这些人对某些特定的偏好表现出多于或少于"普通人群"的大样本水平时，这样的特定偏好便被选择出来用于对该群体设计等级量表。
4. 该等级量表随后被标准化，使该职业群体人均得分 50，[1] 同时确保 2/3 的人得分为 40～60。

这一等级量表的建立程序的结果是，使用 SCII 的某人所表现出的与特定职业不同的某些偏好频率越高，他在那一职业等级量表中所得的分值也就越大。例如，假定某人在回答第 217 号问题时表示出他喜欢"在城市里居住生活"，同时假定男性建筑师标准群体恰巧对该项的选择要比多数人的频率更高，在这种情况下，此人在男性建筑师计分上的得分就会递增一个等级。如果他填写的选项都是男性建筑师所选择的项目（喜好、厌恶或中立），但其他人并没有选择，那么他在男性建筑师职业评定等级上的分值就会很高，通常会达到 45 分以上。此人与这一男性建筑师标准群体具有相同的态度，有着某种共同性，表现出同种类型的偏好。

由于本研究将与某一职业的人群有着共同点作为此人选择并从事某项职业的重要决策依据，因此这种与某一职业多数人共有许多志向、爱好的现象非常重要。[2] 这表明在给定一个适宜的能力水平下，那些与其他职业从业人员（"有共同语言"的人群）有着共同的兴趣偏好的人，通常更有可能进入该职业领域，也更容易被接受，进而享受工作、取得成就。

其他等级量表

除了职业等级量表分数外，SCII 还提供了许多其他数据，包括基本兴趣爱好等级量表、一般性职业主题等级量表以及其他一些专业的等级量表。我个人认为与职业等级量表相比，这些等级量表的意义相对较小，也没那么重要。要更加全面深入地了解 SCII 的这些等级量表及整体测试过程，请参阅 *Manual for the Strong-Campbell Interest Inventory*（Stanford, Cal.:Stanford University Press, 1974）。

背景调查问卷

所有参加这项研究的总经理还都填写了个人背景调查问卷。这份调查问卷的抄本如下。

绝密

总经理研究项目
个人背景调查问卷

哈佛商学院
1977 年秋

说明：请对所有问题完整作答。如有必要，可在页边
　　　空白处写上文字来说明您的答案。完成本问
　　　卷大致需要 30 分钟时间。

1. 出生日期 ＿＿＿月　　＿＿＿日　　＿＿＿年
　 出生地点 ＿＿＿市　　＿＿＿州　　＿＿国家

2. 父母亲情况：

　　　　　　　　　　　　　　　　　母亲　　父亲

- 是否健在（若为否，请写明去世日期）____　____
- 教育程度（填写最高学历或学位）____　____
- 职业　　　　　　　　　　　　　____　____
- 宗教信仰　　　　　　　　　　　____　____
- 在你成长过程中，父母亲对你的影响程度？

　　　　　　　　　　　　　　　　____　____

- 在你成长过程中，你认为谁与你更为亲密？

　　　　　　　　　　　　　　　　____　____

3. 兄弟姐妹（如果是异父母或收养的请注明）：

　　姓名　　　年龄　　　教育程度　　　职业

　　____　　____　　____　　____

　　____　　____　　____　　____

　　____　　____　　____　　____

　　____　　____　　____　　____

　　____　　____　　____　　____

4. 家庭：在成长过程中（18 岁以前），你在哪一或哪些城市居住过？在各个城市居住的大致时间？

　　　　　　城市　　　　　　时间

　　　　　　____　　　　____

　　　　　　____　　　　____

　　　　　　____　　　　____

5. 教育：

	中学	大学	研究生
学校名称	＿＿＿	＿＿＿	＿＿＿
专业方向	＿＿＿	＿＿＿	＿＿＿
在班级中的大致排名	＿＿＿	＿＿＿	＿＿＿
课余活动（包括担任的职位）	＿＿＿	＿＿＿	＿＿＿
奖励、荣誉等	＿＿＿	＿＿＿	＿＿＿

6. 工作经历：

- 描述在校期间的兼职工作。

- 是否在军队中服过役？若是，请写明时间、番号和军衔。

- 全职工作经历：

大致时间　　　　　　雇主　　　　　　工作描述

7. 个人健康：曾患有何种严重疾病？遭受过什么意外事故？做过什么手术？最近你去看过医生没有？若有，什么原因？

8. 你的家庭：

- 婚否？（已婚者请写明结婚日期）＿＿＿＿＿
- 现在的婚姻是否为第一次婚姻？＿＿＿＿＿

（若否，请写明其他几次婚姻的准确时间）＿＿＿＿＿

- 有没有孩子？（若有，请写明他们的性别、年龄）＿＿
- 如果尊夫人有全职或兼职工作，请简单描述一下。

9. 业余活动：工作之外你如何消遣？（请务必写明自己的爱好、你参加的业余活动组织）

10. 交通：
- 家庭地址：＿＿＿＿＿＿＿＿＿＿＿＿＿＿＿＿
- 与办公地点距离：＿＿＿＿＿＿＿＿＿＿＿＿
- 上下班方式：＿＿＿＿＿＿＿＿＿＿＿＿＿＿
- 通勤时间：＿＿＿＿＿＿＿＿＿＿＿＿＿＿＿

11. 现任工作：
- 请尽可能详细地描述你现任职位所承担的主要职责。

- 这一职位具有何种正式权力？

- 你现在每周的平均工作时间（包括在家里办公的时间）是多少？

- 你独自办公的时间比例平均为百分之几?

- 你每月因公出差在外过夜的平均天数?

12. 总体:

- 对于以下各项, 你的满意程度如何? (请在下列各项中圈上你认为恰当的数字)

a. 你目前的工作　　1　2　3　4　5　6　7　8　9
b. 你所在的公司　　1　2　3　4　5　6　7　8　9
c. 你的职业进程　　1　2　3　4　5　6　7　8　9
d. 你的家庭　　　　1　2　3　4　5　6　7　8　9
e. 你的生活方式　　1　2　3　4　5　6　7　8　9
f. 你的总体生活　　1　2　3　4　5　6　7　8　9

1——极为不高兴, 2——非常不高兴, 3——不高兴,
4——有点不高兴, 5——中等, 6——有点高兴,
7——高兴, 8——非常高兴, 9——极为高兴

- 你当前生活的紧张和压力程度如何? (请圈选)

1	2	3	4	5
无压力		有些压力		极大压力

- 你目前感觉身体状况如何? (请圈选)

1	2	3	4	5
差	一般	好	非常好	极好

本研究涉及的总经理的简历

杰拉尔德·艾伦

现任职位

纽约银行（New York Bank）副行长，负责个人及零星存贷款业务（30 个支行）。

工作经历

- 纽约银行——2 年——业务员
- 纽约银行——5 年——支行经理
- 纽约银行——4 年——个人及零星存贷款业务部贷款主任
- 纽约银行——3 年——副行长，负责所有支行的个人及零星存贷款业务

个人背景

- 1942 年生于康涅狄格州，两个孩子中的长子
- 在康涅狄格州长大
- 父亲是律师
- 获纽约州立大学文学学士学位
- 获康涅狄格大学 MBA 学位

家庭概况

- 1967 结婚，后离异
- 在参与本研究期间再次订婚
- 现有 2 个孩子

鲍勃·安德森

现任职位

巴兰杰报业集团（Ballanger Newspapers）董事长，该报业集团拥有洛杉矶论坛报（Los Angeles Tribune，为磁石通信有限公司（Magnet Communications, Inc.）所有）下属的一系列地方性报刊。

工作经历

- 弗里波特新闻报（Freeport News）——3 年——广告业务员、销售经理

- 研究生学习——2 年
- 约翰逊出版社（Johnson Publishing）——2 年——两份小报的业务经理
- 约翰逊出版社——5 年——5 份小报和 1 个商业印刷厂的总经理
- 洛杉矶论坛报——2 年——巴兰杰报业出版人
- 洛杉矶论坛报——5 年——巴兰杰报业董事长

个人背景

- 1937 年生于西雅图，三个孩子中的长子
- 在西雅图长大，主要由从事电视和出版工作的母亲抚养成人
- 获杰克逊州立大学理学学士学位
- 获华盛顿大学 MBA 学位

家庭概况

- 1961 年结婚
- 现有 2 个孩子

约翰·科恩

现任职位

联邦专卖店（Federal Specialty Stores）董事会主席兼

CEO，这家公司是美洲百货公司（American Department Stores）下属的全国性连锁店。

工作经历

- 霍利·克罗瑟斯有限公司（Holly Crothers，零售专卖）——1 年——业务员
- 本宁顿公司（Benningtons，零售专卖）——半年——业务员
- 联邦专卖店——4 年——采购员
- 联邦专卖店——4 年——商品部经理
- 联邦专卖店——3 年——仓储部经理
- 联邦专卖店——3 年——总裁
- 联邦专卖店——半年——董事会主席兼 CEO

个人背景

- 1939 年生于加利福尼亚，三个孩子中的次子
- 在加利福尼亚长大
- 父亲是一家专卖店的经理
- 获普林斯顿大学文学学士学位
- 曾服短期兵役

家庭概况

- 1963 年结婚，1966 年离异

- 1969 年再婚
- 现有 2 个孩子

丹·唐纳休

现任职位

范思特公司（Finest Products）约达尔分公司（Jordale Division）总裁，范思特公司是一家大型消费品公司。

工作经历

- 范思特公司——1 年半——管理受训（纽约）
- 范思特公司——1 年——地区销售经理（俄亥俄）
- 范思特公司——3 年半——部门经理（纽约）
- 范思特公司——1 年半——国际营销总协调人
- 范思特公司——2 年——巴黎市场营销总监
- 范思特公司——2 年——副总裁，主管市场部及国际部（纽约）
- 范思特公司——2 年——欧洲区总经理，负责纸制品分公司
- 范思特公司——1 年——总裁助理
- 范思特公司——半年——副总裁，主管约达尔分公司市场营销

- 范思特公司——2 年——约达尔分公司总裁

个人背景

- 1937 年出生于佛蒙特州，三个孩子中的长子
- 父母去世后，由亲戚在新罕布什尔州抚养成人
- 获新罕布什尔大学理学学士学位
- 获哥伦比亚大学 MBA 学位

家庭概况

- 1959 年结婚
- 现有 3 个孩子

弗兰克·菲罗诺

现任职位

特宁顿公司（Tenington's）总裁兼 CEO，特宁顿公司是坐落于美国西北部的连锁百货公司，为美洲百货公司所有。

工作经历

- 克兰斯顿公司（Kranston's，一家百货公司）——2
  年——业务员、助理采购员

- 克兰斯顿公司——2 年——采购员
- 彼得森公司（Peterson's，一家百货公司）——1
  年——采购员
- 彼得森公司——2 年——仓储经理
- 彼得森公司——2 年——分公司商品经理
- 彼得森公司——1 年——副总裁兼商品总经理
- 美洲百货公司——1 年半——菲伯尔分公司（Fable
  Division）执行副总裁
- 美洲百货公司——1 年半——菲伯尔分公司总裁
- 美洲百货公司——1 年半——特宁顿公司总裁兼
  CEO

个人背景

- 1942 年出生于佐治亚州，四个孩子中排行第三
- 在佐治亚州长大
- 父亲是兽医
- 获佐治亚州立大学理学学士学位
- 获佐治亚科技大学 MBA 学位

家庭概况

- 1965 年结婚
- 现有 4 个孩子

特里・富兰克林

现任职位

埃克斯特机械工具制造公司（Exeter Machine Tools）总裁兼总经理，埃克斯特机械工具制造公司是某欧洲联合企业下属的一家小型机械工具制造商。

工作经历

- 富兰克林外贸公司（Franklin Export）——1 年——股东、经理、销售员
- 荷腊化学公司（Hellar Chemical）——4 年——销售员
- 埃克斯特机械工具制造公司——3 年——销售员
- 埃克斯特机械工具制造公司——3 年——销售经理
- 埃克斯特机械工具制造公司——12 年——总裁兼总经理

个人背景

- 1924 年出生于新罕布什尔州，两个孩子中排行第二
- 在新罕布什尔州和纽约州长大
- 父亲是销售经理
- 获罗格斯大学理学学士学位
- 服过 3 年兵役

家庭概况

- 1945 年结婚
- 现有 4 个孩子

查克·盖恩斯

现任职位

安戴克斯产业集团（Index Industries）三大分公司之一的米兰德分公司（Midland Division）副总裁，安戴克斯产业集团是美国中西部地区的大型制造商。他负责该公司数以十亿美元计的经营活动。

工作经历

- 安戴克斯产业集团——2 年——纽约地区销售业务员
- 安戴克斯产业集团——6 年——哥伦比亚地区销售业务员
- 安戴克斯产业集团——4 年——巴西地区销售经理
- 安戴克斯产业集团——1 年——日本地区销售经理
- 安戴克斯产业集团——4 年——日本地区经营主管
- 安戴克斯产业集团——3 年——安戴克斯产业集团国际公司副总裁
- 安戴克斯产业集团——1 年半——集团董事长助理

- 安戴克斯产业集团——1 年半——菲尔伯兰德公司
  （安德克斯产业集团在美国的分公司）总裁
- 安戴克斯产业集团——1 年——米兰德分公司副总裁

个人背景

- 1930 年出生于纽约，三个孩子中排行第三
- 在国外长大
- 父亲从事销售工作
- 在康涅狄格州一座规模不大的大学获文学学士
  学位
- 在美国海岸警卫队服役

家庭概况

- 1950 年结婚
- 现有 2 个孩子

保罗·杰克逊

现任职位

安戴克斯产业集团董事会副主席（还有其他头衔）。
他负责多种经营分公司业务，这些业务年销售额超 10 亿
美元。

工作经历

- 安戴克斯产业集团——4 年——培训部职员
- 美国海军——3 年
- 安戴克斯产业集团——2 年——生产制造部高级督管
- 安戴克斯产业集团——7 年——厂长
- 安戴克斯产业集团——2 年——集团工程部经理
- 安戴克斯产业集团——20 年——多种经营分公司
  业务的负责人（头衔：副总裁、执行副总裁、董
  事会副主席）

个人背景

- 1919 年出生于内布拉斯加州欧文，三个孩子中排
  行第二
- 在怀俄明州、蒙大拿州长大
- 父亲是农场主（农业综合企业）
- 获内布拉斯加大学理学学士学位
- 在海军服役 3 年

家庭概况

- 1944 年结婚
- 1968 年他的第一任妻子去世，1973 年再婚
- 现有与前妻的 3 个孩子

汤姆·朗

现任职位

国际计算机公司东部地区总经理，负责 20 个销售 –
服务网点。

工作经历

- Fairchild 人寿保险公司——2 年——先后任保险业
  务部实习生、业务员、主管
- 菲利普斯生产制造公司——1 年——销售员
- 国际计算机公司——1 年——销售代表助理
- 国际计算机公司——半年——销售代表
- 国际计算机公司——1 年——业务代表
- 国际计算机公司——1 年——销售经理
- 国际计算机公司——1 年——地区销售经理
- 国际计算机公司——1 年——公司总部销售计划总
  协调人
- 国际计算机公司——半年——特别委派（分公司
  经理助理）
- 国际计算机公司——1 年——分公司经理（不同地区）
- 国际计算机公司——2 年——分公司运营经理（地
  区分部）

- 国际计算机公司——1 年——全国服务运营经理
  （公司总部）
- 国际计算机公司——1 年——东部地区总经理

个人背景

- 1942 年出生于印第安纳州，三个孩子中排行第二
- 在弗吉尼亚州、佛罗里达州长大成人
- 获佛罗里达大学管理学学士学位
- 进修过部分 MBA 课程

家庭概况

- 1962 年结婚，后离异
- 1970 年再次结婚
- 现有 5 个孩子

杰克·马丁

现任职位

《世界新闻》（*World News*）杂志总裁兼出版人，该
杂志是加兰德公司（Garland Corporation）旗下的一系列
杂志之一，加兰德公司为磁石通信有限公司所有。

工作经历

- 兰德利专卖店（Landry Specialty Stores）——半年——商店店员
- 加兰德公司——3 年——发行代表
- 加兰德公司——1 年———培训专员
- 加兰德公司——3 年——广告业务员
- 加兰德公司——3 年——公司总部广告销售部经理
- J. W. 托马斯广告公司（J. W. Thomas Advertising）——1 年——会计主管
- 札罗尔公司（Zalor, 广告代理商）——2 年——会计主管
- 加兰德公司——2 年——广告销售部经理
- 加兰德公司——9 年——广告、销售管理部主管
- 加兰德公司——1 年——另一出版物的广告、销售管理部主管
- 加兰德公司——5 年——《世界新闻》杂志总裁兼出版人

个人背景

- 1926 年出生于密歇根州，两个孩子中的长子
- 在密歇根州长大
- 父亲是工程师、销售员

- 获密歇根州立大学文学学士学位
- 在海军服役 3 年

家庭概况

- 1950 年结婚
- 现有 5 个孩子

理查德·帕玻利斯

现任职位

国际计算机公司达塔特拉克公司总裁兼法人代表。

工作经历

- 约翰逊研究所（Johnson Research）——3 年——工程师
- DLC 公司——5 年——技术部主任助理
- 费尔菲尔德·刘易斯公司——5 年——技术部主任
- 费尔菲尔德·刘易斯公司——8 年——分公司经理
- 组建达塔特拉克公司——7 年——总裁
- 国际计算机公司（收购了达塔特拉克公司）——4 年——达塔特拉克公司总裁兼法人代表

个人背景

- 1927 年出生于希腊，四个孩子中排行最小
- 在希腊长大成人
- 父亲是远洋轮船船长
- 在加利福尼亚州立大学洛杉矶分校获理学学士学位
- 在加利福尼亚州立大学洛杉矶分校获理学硕士学位

家庭概况

- 1952 年结婚，后离异
- 1971 年再婚
- 现有 2 个孩子

理查德·波林

现任职位

磁石通信有限公司电视部总裁。

工作经历

- 磁石通信有限公司——5 年——公司财务分析师
- 磁石通信有限公司——3 年——公司董事会主席助理
- 磁石通信有限公司——2 年——公司财务副董事长助理（主管电视电影部门）

- 磁石通信有限公司——半年——公司副董事长助理（督管电视电影部门）
- 磁石通信有限公司——3 年——电影部总经理
- 磁石通信有限公司——2 年——电视部总裁

个人背景

- 1940 年出生于马萨诸塞州，四个孩子中的长子
- 幼年曾先后生活在美国 7 个城市及国外一些地区
- 父亲是空军职业军官
- 获哈佛大学理学学士学位
- 获沃顿商学院 MBA 学位

家庭概况

- 1963 年结婚，1969 年离异
- 1973 年再婚
- 现有 1 个孩子

迈克尔·理查森

现任职位

利普顿－约翰逊公司（Lipton-Johnson）董事长兼 CEO，利普顿－约翰逊公司是一家投资管理公司。

工作经历

- 蓬宁思有限责任公司（Pennings, Inc., 投资管理公司）——2 年——投资分析师
- 创建利普顿－约翰逊公司——1 年——投资组合经理
- 利普顿－约翰逊公司——5 年——证券部经理
- 利普顿－约翰逊公司——9 年——市场营销副董事长
- 利普顿－约翰逊公司——5 年——董事长兼 CEO

个人背景

- 1934 年出生于康涅狄格州哈特福德市，6 个孩子中的第 4 个
- 在波士顿附近的郊区长大成人
- 父亲是制造业的总经理
- 获哈佛大学文学学士学位
- 获沃顿商学院 MBA 学位

家庭概况

- 1962 年结婚
- 现有 2 个孩子

斯帕克思曼

现任职位

本森公司（Benson and Co.）休斯敦办事处合伙管理人，本森公司是一家大型专业服务性公司。

工作经历

- 托马斯石油公司（Thomas Oil）——2 年——会计、经理助理
- 埃格斯化学公司（Egis Chemical）——2 年——财务职员
- 洛林斯石油运输公司（Rollins Oil Transport）——1 年——总会计师
- FLD 食品百货（FLD Food Stores）——1 年——总会计师
- FLD 食品百货——2 年——财务副总裁
- 本森公司——5 年——顾问
- 本森公司——2 年——合伙人
- 本森公司——4 年——合伙人，负责沃斯堡地区的业务经营
- 本森公司——3 年——合伙人，负责休斯敦地区的业务经营

- 本森公司——1 年——休斯敦办事处管理合伙人

个人背景

- 1929 年出生于亚拉巴马州卢普顿市，五个孩子中排行第四
- 在亚拉巴马长大
- 父亲是邮递员
- 获阿拉巴马大学文学学士学位
- 获南卫理公会大学 MBA 学位
- 在空军服役 4 年

家庭概况

- 1951 年结婚
- 现有 1 个孩子

约翰·汤普森

现任职位

纽约银行商业金融部负责人、高级副行长。

工作经历

- 尼托洛钢铁公司（Nitro Steel）——3 年——信贷经理

- 尼托洛钢铁公司——3 年——信贷经理（不同城市）
- 尼托洛钢铁公司——3 年——区域信贷经理
- 纽约银行——5 年——商业金融部贷款员
- 纽约银行——10 年——商业金融部经理
- 纽约银行——半年——商业金融部负责人、高级副行长

个人背景

- 1930 年出生于俄亥俄州，两个孩子中排行最小
- 在俄亥俄州长大成人
- 父亲在银行工作
- 获辛辛那提大学理学学士学位
- 在美国陆军服役 2 年

家庭概况

- 1963 年结婚
- 现有 2 个孩子

总经理业绩评定

由于总经理工作的自身特性，想要对任职者的工作效率进行评定，或对不同总经理的工作效果进行排序是有一定困难的。这主要是由于以下两个原因：第一，总经理职责的某些方面难以精确测度，特别是短期内对总经理长期职责的履行情况进行测度较为困难；第二，对不同领域的业绩评定不存在统一的单一公式。总经理和学者可以对诸如利润目标的达成是应该占总体评价的20%、50% 还是 80% 的权重而争论不休。

在本项研究中，由于总经理之间的业绩水平差距较小，评定排序工作更为困难。如前所述，所有总经理的工作业绩都至少是"一般好"，没有任何一个是明显不行的。业绩水平差异较大将会使区分各种不同的业绩水平相对容易些。

评定方法

尽管存在上述诸多困难，但通过下列策略来大致评价这些总经理的业绩水平还是可行的。

1. 仅分为三个业绩水平档次：一般、良好、优异。
2. 如果某一总经理任期较短（不到1年时间），不对他的业绩水平进行评定。
3. 我们同时运用了"硬性"和"软性"评价方法。硬性评价包括对销售额、利润及其他财务指标的考察，而软性评价包括他的同事、下级和上司对他的评价，若有可能还包括投资者方面的评价。

等级排序

通过运用上面的方法，我们这15位总经理分为以下几类。

1. 优异。理查德·帕玻利斯和理查德·波林两人似乎明显属于这一类别。他们两人的财务绩效（纯收益）水平以较高的比例持续上升（年增长率高于30%），从未出现低于预定经营指标的情况。他们的上司、同事和下级也都认为他们的工作是优异的。仅仅一次有两个人而另外一次有三个人评价他们的业绩水平在优异以下。我访谈的两位投资者也同意大多数人的意见，一致认为帕玻利斯和波林的工作十分杰出。

2. 良好。有六位总经理属于这一类别：鲍勃·安德森、丹·唐纳休、弗兰克·菲罗诺、汤姆·朗、杰克·马丁和迈克尔·理查森。尽管不如第一组的两位总经理，但他们每一位也都创造了非常好的财务绩效。下属、同事、上司以及公司外部的分析家对这六位总经理业绩水平的评价从良好到优异不等。

3. 一般。有三位总经理属于这一类别：杰拉尔德·艾伦、特里·富兰克林和保罗·杰克逊。这些人并不是总能达到业绩的最低目标，他们所负责的业务的增速及盈利水平明显低于以上两类总经理。其他人评定他们的工作业绩从较差到优异不等，多数人认为他们的工作"还可以"或"相当可以"。

4. 不清晰。四位总经理属于这一类别，都是因为他们任期过短，还无法做出相应评定。这一类人包括约翰·科恩、查克·盖恩斯、斯帕克思曼和约翰·汤普森四人。

注　释

第1章

1. (Cambridge, Mass.:Harvard University Press, 1977), p.4.

2. 尽管存在大量有关"管理"主题的文献，但绝大多数所关注的都是组织内管理的过程或管理工具，而不是关注管理者是谁，他们做些什么以及为什么有些人会比另一些人更富有成效、更成功。例如，一本经典管理学教科书（Trewartha and Newport, *Management*; Dallas:Business Publications, 1976）的章节包括"运营决策制定系统""市场与产品控制""通信和信息系统"，没有描述有关"管理行为"或"管理工作"或"管理者"的章节。而那些的确聚焦于管理者的研究文献大都是描述性的，也就是说，其中观点要么是基于一般意义上的经验，要么是来自理论的演绎。相比之下，本研究是较具水准的，不仅引人深思，而且富有见解。然而，这方面的大部分文献是具有讨论价值的。该方面的问题，更加深入的讨论参见 John P.Campbell, Marvin D.Dunnette, Edward F.Lawler, Ⅲ, and Karl Weick, Jr., *Managerial Behavior, Performance, and Effectiveness*（Englewood Cliffs, N.J.:Prentice-Hall, 1970），尤其请关注该书第 6 页。

3. 实际上，到目前为止有关管理者的多数最引人关注的著作都是以来自感知极为敏锐的智者的一般性观察和见识或来自个案研究的形式呈现的，而不是来自诸如本书的系统性研究。这些智者包括彼得·德鲁克（参见 Management〔New York:Harper and Row, 1974〕和 *The Effective Executive*〔New York:Harper and Row, 1967〕, Chester Barnard（*The Functions of the Executive*〔Cambridge, Mass.:Harvard University Press, 1939〕）, Abe Zaleznik（*The Human Dilemma of Leadership*〔New York:Harper and Row, 1966〕）, 以及 Doug McGregor（*The Professional Manager*〔New York:McGraw-Hill, 1967〕）。我所指的案例研究可参见 *Policy Formulation and Administration* by Christensen, Berg, and Salter（Homewood, Ⅲ.:Irwin, 1976）, 以及 *Business Policy* by Christensen, Andrews, and Bower（Homewood, Ⅲ.:Irwin, 1978）。

4. *Executive Behavior*(Stockholm:Stromberg Aktiebulag, 1951).

5. *The Nature of Managerial Work*(New York:Harper

and Row, 1973).

6. 引自 "Leadership:Beyond Establishment Views"（第 19 页），该文章来自 1980 年 10 月在卡本代尔的南伊利诺伊大学召开的第六届（两年一届）领导力论坛上的发言。

7. 一些人将"总经理"一词仅用于指代企业的 CEO 或总裁。本研究虽然采用了更加宽泛的定义，但这种宽泛的定义并非罕见。

8. 据我所知，之前还没有人以像本书一样的深度系统地分析、研究过这么多的高管人员。例如，在明茨伯格开创性的研究中，他仅聚焦于少数几人（准确地讲是 5 人）并几乎是完全依靠观察。另外一项由 Michael Maccoby 进行的著名研究（*The Gamesman*［New York: Simon and Schuster, 1976］），聚焦的对象多数是低层管理者，并且仅依靠相对短暂及一次性的访谈。

9. 这样小数量的样本显然无法为任何假设提供可靠论据。然而，在这里需要再次强调的是，验证理论不是本次调查研究的目的。本研究的主要目的是对一些重要问题做出尝试性的解答和概括。本研究的方法论与传统的研究工作相一致，即聚焦于有关某些现象的整体、动态和阐释性的方法。由该方法论所主导的一个极为贴切的例子，请参见 *The Seasons of a Man's Life* by Dan Levenson et al.（New York: Alfred A. Knopf, 1978）。

10. 这里所提及的所有姓名都采用了化名。

11. 参见："The Profession of Management" in *The*

New Republic, July 27, 1981。

12. 这与其他研究者的发现相一致。例如，C. L. Shartle 就在其 *Executive Performance and Leadership*（Englewood Cliffs, N.J.:Prentice-Hall, 1956）一书的第 82 页大量引用了对话片段。对话中一位研究者试图让一位管理者说明他在做什么。

13. 此处没有进行文献回顾，相关文献将在数据描述章节以脚注的形式标出。采取这种方法基于多个原因。首先，本书是同时写给管理实践者和学者的，因此在甄选正文内容上的所有努力都是为了能够同时满足两类读者的兴趣。其次，由于有关管理者工作和行为的现有文献，文献回顾可以很短（如果仅包括相似的研究或管理者行为的真正理论的话）也可以很长（如果包括所有管理学领域的著作和在某种程度上相关联的所有应用性社会科学的话）。前者不是十分有用，而后者并不实际可行。最后，我同意明茨伯格的观点，尽管可能超过了 1%，但我们对这个领域仍旧知之甚少。我发现当某一领域内很少有像样的实证和理论研究工作的话，文献回顾往往起副作用而不是正向帮助。

第 2 章

1. 这种对管理工作的概念化方式既源于管理实践（参见 Max Woltman and Joann Sperling, *Defining the Manager's Job*,［New York：AMACOM，1975］),

也源于学术文献（参见 Robert J.DeFillippi and Robert H.Miles, "Core Typology of Managerial Role Behavior" [unpublished article] , 1979 ）。

2. 参见 Henry Mintzberg , Duru Raisingani, and Ander Theoret, "The Structure of Unstructured Decision Process" 一文结论（ASQ [June 1976] , pp.250-251 ），以及 *Business Policy* by C.Roland Christensen, Kenneth Andrews, and Joe Bower（Homewood, Ⅲ .:Richard A.Irwin, 1978 ）。

3. 如参见 "General Managers in the Middle" by Hugo Uyterhoeven, *Harvard Business Review*（March/April, 1972），以及 Joseph L. Bower, *Managing the Resource Allocation Process*（Boston, Mass. :HBS Division of Research, 1970 ）。

4. 参见 Henry Mintzberg, *The Nature of Managerial Work*（New York:Harper and Row, 1973 ）。

5. 参见 Wichham Skinner and W.Earl Sasser, "Managers with Impact:Versatile and Inconsistent" , *HBR*（November/ December 1977 ）;John Gabarro and John Kotter, "Managing Your Boss" , *HBR*（January /February 1980 ）; 以及 Rosemary Stewart, "To Understand the Manager's Job:Consider Demands, Constraints, Choices" , *Organizational Dynamics*（Spring, 1976 ）。

6. 参见 Hugo Uyterhoeven, "General Managers in the Middle" , *Harvard Business Review*（March/April 1977 ）。

7. 参见 Leonard Sayles , *Managerial Behavior*（New York:McGraw-Hill, 1964）。

8. 参见 Abraham Zaleznik , *The Human Dilemma of Leadership*（New York: Harper and Row, 1967）; Hugo Uyterhoeven, "General Managers in the Middle", *Harvard Business Review*（March/April, 1972）; Wichham Skinner and W.Earl Sasser, "Managers with Impact:Versatile and Inconsistent", *Harvard Business Review*（November/December, 1977）。

9. 当然，抛开工作本身和所涉及的业务或公司不谈，仍旧有许多其他因素间接地产生某些差异。这些因素中最为明显的就是总经理自身和他在职的时间。因此，这些工作不是静态的，它们是动态的且随时间的推移演变。这一点在本书第 4 章和第 5 章进行更为详细的论述。

10. 关于这一趋势的早期文献参见 Alfred Chandler, Jr. , *Strategy and Structure*（Cambridge, Mass. :MIT Press, 1962）, 以及 Joseph L. Bower, *Managing the Resource Allocation Process*（Boston, Mass. :HBS Division of Research, 1970）。

11. 集团总经理只有在相当大的公司中才存在。然而在 1979 年 7 月,《财富》500 强中有 30% 的公司没有集团总经理一职。参见 Allen F. Juers, "The Group Executive", *Management Review*（March 1979）。

12. 此方面的重要研究工作见 Rosemary Stewart 的

研究。

13. 参见 Rosemary Stewart 的研究工作；J. Child and T. Ellis, "Predictors of Variations in Managerial Roles", *Human Relations* 26, 2（1973）: 227-250; H. Stieglitz, "The Chief Executive's Job and the Size of the Company", *The Conference Board Record*（September 1970）; J. Bower, *Managing The Resource Allocation Process*（Cambridge, Mass. :Harvard Business School , 1970）; 以及 B.Scott, "Stages of Corporate Development"（Boston, Mass.:Intercollegiate Case Clearing House, 1971）。

14. 如参见 Paul Lawrence and Jay Lorsch, *Organization and Environment*,（Cambridge, Mass.: Harvard Business School, 1967）; James Thompson, *Organizations in Action*（Englewood Cliffs, N.J.:Prentice-Hall, 1967）; Peter Blau, *On the Nature of Organizations*（New York: Wiley, 1974）; and a recent study by Peter Grinyer and Masoud Yasi-Ardekani, "Strategy, Structure, Size, and Bureaucracy", *Academy of Management Journal* 24, 3（1981）。

第 3 章

1. 由于本研究的参与者对访谈和问卷调查的时间给予了限定，我们仅仅使用了一种标准的测试工具（即斯特朗－坎贝尔兴趣量表）。因此，多数支撑这些论题的数据资料均来自跟了解这些总经理的人进行的访谈（每个地方大约找 10 个人），同时通过观察，对总经理们的直接访谈和斯特朗 – 坎贝尔兴趣量表测试结果所获得的数据资料进行相应补充。

2. 那些业绩被评为"优异"的总经理（评定方法参见附录 E）工作满意度调查得分平均为 8.5（1～9 级量表打分），那些业绩被评为"良好"的总经理工作满意度调查得分平均为 8.1，那些业绩被评为"一般"的总经理工作满意度调查得分平均为 6.0。

3. 那些收入比同龄人高得多的总经理对职业的满意程度达 8.7（1～9 级量表打分），那些与同龄人收入相当的总经理对职业的满意程度为 7.7，那些比同龄人收入少的总经理对职业的满意程度仅为 7.2。

4. 最为典型的例外情况是本研究中的两位企业家。

5. 特别地，他们在与所有的基本经营职能一项或多项量表中的得分超过了 40（关于斯特朗 – 坎贝尔兴趣量表的信息请参见附录 C）。这些职能和相应的量表等级为：

- 金融：银行家、投资基金经理、会计、信贷经理
- 营销或销售：计算机销售、人寿保险代理、销售经理、购买者、商场销售、广告经理、房地产经纪人
- 运营：陆军军官、海军军官、代购商、百货公司经理、远洋商品运输商
- 职员：职员领导

- 法律：律师
- 外部或政府关系：商会负责人、公共行政官员

6. 基于我自己对斯特朗–坎贝尔兴趣量表的测试结果的分析经验，该类型在进行过这种测试的人群中较为罕见。

7. 如果这听起来有些牵强，请重温一下这条信息：科学家们最近估计人的大脑可以储存 10 倍于国家档案馆的信息资料，或相当于 40 万套《大不列颠百科全书》所记载的信息（RCA 企业高新技术实验室估计）。

8. 例如，参见 Thomas Harrell, *Managers' Performance and Personality*（Dallas:Southwest Publishing, 1961），chap.10 ；Ed Schein, "The General Manager: A Profile"，东方管理科学院杰出学者研讨会演讲稿，May 5, 1972; 以及 David McClelland , *Power:The Inner Experience*（New York:Irvington, 1975），chap.7。要了解关于经理人员个性特征的文献综述，参见 John Campbell, Marvin Dunnette, Edward Lawler Ⅲ , and Karl Weick, Jr., *Managerial Behavior, Performance, and Effectiveness*（New York:McGraw-Hill, 1970）。

9. 正如 Ed Schein 曾经指出的一样，委任卓有成效的总经理任职者的关键问题之一在于这些多样化的个性特征仅存于少数一部分人中。参见 *Organizational Psychology*, Third Edition（Englewood Cliffs, N.J.:Prentice-

Hall, 1980), pp.131-132。

10. 考察他们所取得的成就水平（1978 年）：2 位平均年龄为 46 岁的业绩优异的总经理的平均年收入为 16 万美元，6 位平均年龄为 44 岁的业绩良好的总经理年平均收入为 12.6 万美元，3 位平均年龄为 51 岁的业绩一般的总经理年平均收入为 12.5 万美元。

11. 参见 *Fortune*（May 1976），pp.176-177。

12. 参见 *Management Review*（July 1979），pp.15-20。

13. 参见 *The Chief Executive and His Job*, Studies in Personnel Policy, No.214（1969）。

14. 参见 "The Chief Executive:Background and Attitude Profiles"，安永公司报告（1980）。

15. 参见 George Farris, "Executive Cohesiveness and Financial Performance of the Fortune 500"，1979 年亚特兰大管理年会专题发言。

16. 关于对大量不同环境背景特征的其他研究，请参见 Harrell , *Managers' Performance and Personality*。更多关于"成功综合征"的论述，请参见 Tim Hall, Careers in Organization（Santa Monica, Cal. :Goodyear, 1976）。最近，与此相一致的还有罗森堡进行的一项实证研究，参见 "Tournament Mobility:Career Patterns in a Corporation"，*Administrative Science Quarterly*（June 1979）。

17. 参见 "How Chief Executives Get to the Top"，*Chief Executive*（December 1980）。

18. 例如，参见 Robert W.White，*Lives in Progress*（New York:Holt, Rinehart and Winston, 1966）。

19. 参见 *Business Week*（February 25, 1980），p.166。

20. 例如，最著名的例外情形出现在 Rosemary Stewart 的著作中，*Managers and Their Jobs*（New York:Macmillan, 1967）；*Contrasts in Management*（New York:McGraw-Hill, 1976）；以及 *The District Administration for the National Health Service*（London:King's Fund，1980）。最近更加具体的例外情况出自 James Hall 的研究，"Organizational Technology and Executive Successes"，*California Management Review*（Fall 1976）。

21. 总体上，从我们给这些总经理的背景情况调查问卷结果来看，下列事项相关并相互联系：①高度紧张；②职业上的高度成功（职位提升迅速）；③工作时间长；④任现职不到 1 年；⑤对生活方式和家庭氛围相对低的满意度。

22. 一个很好的事例出现在最近的《华尔街日报》（*The Wall Street Journal*）上，参见 "Migrant Managers:A New Road to the Top"，July 17, 1980。

23. Bob Hayes 和 Bill Abernathy 给出一个很好的例外："Managing Our Way to Economic Decline"，*Harvard Business Review*（July/August 1980）。

第 4 章

1. Kenneth Andrews, *The Concept of Corporate Strategy*

(Homewood, Ill.:Dow Jones-Irwin, 1971), p.18.

2. 在 以 前 的 一 项 研 究 中（参见 *Organizational Dynamics*），我发现通过讨论某一系统行为来区分不同时间区间（1 天、1 月、1 年或 10 年）内的各种行为是十分有意义的。我发现各种不同的概念和关系在此时间框架内显得十分重要。这一发现似乎在此处也非常适合，它为本章的内容提供了讨论基础。

3. 例如，参见 J.B.Quinn, *Strategies for Change; Logical Incrementalism*（Homewood, Ill.:Richard D.Irwin, 1980）；Henry Mintzberg, *The Nature of Managerial Work*（New York:Harper and Row, 1973）；H.Edward Wrapp, "Good Managers Don't Make Policy Decisions", *Harvard Business Review*（September/October 1967）；Charles Lindblom, "The Science of 'Muddling Through'", *Public Administration Review*19（1959），pp.79-88;James March and Herbert Simon, *Organizations*（New York:John Wiley，1958）；Chester Barnard, *The Functions of the Executive*（Cambridge, Mass.:Harvard University Press, 1939）；Rosemary Stewart, "Managerial Agendas-Reactive or Proactive", *Organizational Dynamics*（Autumn 1979）；Frank Aguilar, *Scanning the Business Environment*（New York:Macmillan 1967）；以 及 Michael McCaskey, "A Contingency Approach to Planning:Planning with Goals and Planning without Goals", *Academy of Management*

Journal（June, 1974）。

4. 例如，参见 Jack Gabarro, "Socialization at the Top-How CEOs and their Subordinates Evolve Interpersonal Contacts", *Organizational Dynamics*（Winter 1979）; Jeff Pfeffer and Jerry Salancik, "Who Gets Power and How They Hold on to It", *Organizational Dynamics*（Winter 1977）; John Kotter , "Power, Dependence , and Effective Management", *Harvard Business Review*（July/August 1977）; Melyille Nalton, *Men Who Manage*（New York:Wiley, 1959）; 以及 Richard Pascale and Tony Athos, *The Art of Japanese Management*（New York: Simon and Schuster, 1981）。

5. 关于此点更深入详细的论述请参见我的另外一本著作，*Power in Management*（New York:AMACOM, 1979）, chap.4。

6. 详细阅读请参见 Tom Peters 与 Jeff Pfeffer 近期的研究成果。例如，Peters, "Symbols, Patterns, and Settings: An Optimistic Case for Getting Things Done", *Organizational Dynamics* 7（1978）; Pfeffer, "Management as Symbolic Action", *Research in Organizational Behavior* 3, ed.Larry Cummings and Barry Staw（Greenwich, Conn.:JAI Press, 1980）. 同时可参见 Andrew M.Pettigrew, *The Politics of Organizational Decision Making*（London:Tavistock Publications, Ltd., 1973）; 以及 John Kotter, "Power, Depen-

dence and Effective Management," *Harvard Business Review*（July/August 1977）。

7. 我对那些关于大脑到底可以处理多少信息，以及其中有多少是无意识凭直觉来完成的研究结论尤为关注。参见 John D.Steinbruner, *The Cybernetic Theory of Decision*（Princeton, N.J.:Princeton University Press, 1974）, p.92。

8. 诸如 Sune Carlson, *Executive Behavior:A Study of the Work Load and the Working Methods of Managing Directors*（Stockholm:Strombergs, 1951）; T.Burns, "Management in Action", *Operational Research Quarterly* 8（1957）; Rosemary Stewart, "To Understand the Manager's Job:Consider Demands, Constraints, Choices", *Organizational Dynamics*（1957）; Michael Cohen and James March, *Leadership and Ambiguity*（New York:McGraw-Hill, 1974）; R.Dubin and S.L.Spray, "Executive Behavior and Interaction", *Industrial Relations* 3（1964）: 99-108;E.Brewer and J.W.C.Tomlinson, "The Manager's Working Day", *The Journal of Industrial Economics* 12（1964）: 191-197。

9. 参见 Morgan McCall, Ann Morrison, and Robert Hannan, "Studies of Managerial Work:Results and Methods", Technical Report No. 9（Greensboro, N.C.:Center for Creative Leadership, 1978）。这一优异的研究报告归纳总结了从 S.Carson 1951 年的突破性研究到近期 Mintzberg 和 Stewart 等人的研究。

10. 参见 *The Nature of Managerial Work*（New York:Harper and Row, 1973）。

11. "Leadership:Sad Facts and Silver Linings", *Harvard Business Review*(November/December 1979).

第 6 章

1. 这里的内容有些局限是因为此项研究并不是一项企业或学校致力于改善总经理工作效率的研究。尽管如此，这里还是存在许多线索：哪些管理实践能够阻碍或促进优异的业绩水平？正规的教育和研究能够对此产生怎样的贡献？在必要性上，本章中的多数讨论都要比本书其他部分的讨论更富有思考性，但它们都是对管理者和管理教育者具有重要意义的思考。

2. 摘自 *The New Republic*, June 27, 1981, p. 27。

3. 参见 Herbert Meyer, "The Headhunters Come Upon Golden Days", *Fortune*（October 8, 1978）, p.110。

4. 我所知道的仅有的一项直接切中主题且得出同样结论的研究工作。参见 Y.K.Shetty and N.S.Perry, Jr., "Are Top Executives Transferable Across Companies?", *Business Horizons*（June 1976）。

5. 参见 "More Companies Look within for Managers", *Wall Street Journal*, October 28, 1980, p.37。

6. 例如，参见《华尔街日报》最近的一篇文章，"Some Companies Try to Spot Leaders Early, Guide Them to the Top", February 25, 1981。

7. 例如，参见 "Wanted: A Manager to Fit Each Strategy"，*Business Week*（February 25，1980），pp.166-173。

8. 参见 Rumelt, *Strategy, Structure, and Economic Performance*（Boston, Mass.Harvard Business School, 1974）中关于企业集团与其他类型企业的业绩水平比较研究。

9. Tom Peters 研究发现某些高业绩水平的公司正是如此。参见 "Putting Excellence into Management"，*Business Week*, July 21, 1980, pp. 196-197。

10. 由于确有许多研究表明年龄不同的总经理之间并无任何差异，缺乏这方面的公开信息资料就使这一问题更加严重。例如，《时尚先生》（*Esquire*）杂志最近的一篇文章表明，尽管总体上人们的离婚率在上升，但那些商业高级管理者却"仍旧与第一任妻子生活在一起"，参见 "No Divorce at the Top"，*Esquire*, June 19, 1979, page 8。

11. 参见 Thomas W.Harrell, *Manager's Performance and Personality*（Dallas: Southwest Publishing Co., 1961）。

12. 例如，就直觉感知而言，参见 Henry Mintzberg, "Planning on the Left Side and Managing on the Right"，*Harvard Business Review*（July/August 1976）；Roy Rowan, "Hunches Are More than Blind Faith"，*Fortune*（April 23, 1979）；Mike McCaskey，*Managing Ambiguity*（Marshfield, Mass.:Pitman, 1982）。

13. 参见 *Self Assessment and Career Development*（Englewood Cliffs, N.J.: PrenticeHall, 1978）。

14. 参见 Thomas W. Harrell, *Manager's Performance and Personality*（Dallas: Southwest Publishing Company, 1961）。

15. 参见 Campbell et al. , *Managerial Behavior Performance and Effectiveness*（Englewood Cliffs, N. J. :Prentice. Hall, 1970）。

16. 同上注。

17. 参见 Ralph Stogdill , *Handbook of Leadership*（New York:Free Press, 1974）, 以及 James Tolliver and Orlando Behing, "Leadership Theory:Some Implications for Managers", *MSU Business Topics*, Summer 1978。

18. 参见 Chapter 13 in Campbell et al.。

19. 参见 Morgan McCall and Michael Lombardo, *Leadership*: *Where Else Can We Go*?（Durham, N. C.:Duke University Press, 1978）。

20. 参见 Fritz Roethlisberger and William Dickson, *Management and the Worker*（Cambridge, Mass.:Harvard University Press, 1939）; Henry Mintzberg, *The Nature of Managerial Work*（New York:Harper and Row, 1973）; and Joseph L.Bower, *Managing the Resource Allocation Process*(Boston:HBS Division of Research, 1970)。

21. 参见《街角社会》第 312 页, 怀特在此提供了一个很好的例证。

22. 同上注, 第 293 页。

23. 同上注，第 300 页。

24. 同上注，第 303 页。

25. 同上注，第 302 页。

26. 同上注，第 301 页。

27. 同上注，第 322 页。

28. 同上注，第 311 页。

附录 A

1. 我认为对我产生深刻影响的研究工作有：Henry Mintzberg, *The Nature of Managerial Work*（New York:Harper and Row, 1973）；Rosemary Stewart, *Managers and Their Jobs*（New York:Macmillan, 1967）；Leonard Sayles, *Managerial Behavior*, J.P.Campbell et al., *Managerial Behavior, Performance and Effectiveness*（Englewood Cliffs, N.J.:Prentice-Hall, 1970）。

2. 我的其他多数研究工作分别出现在 5 本书中：*Mayors in Action*, with Paul Lawrence（New York:Wiley, 1974）；*Self Assessment and Career Development*, with Victor Faux and Charles McArthur（Englewood Cliffs, N.J.:Prentice-Hall, 1978）；*Organizational Dynamics*（Reading , Mass.:Addison-Wesley, 1978）；*Organization*, with Len Schlesinger and Vijay Sathe（Homewood, Ill.:Irwin, 1979）；*Power in Management*（New York:AMACOM, 1979）。

3. 在名为"*Studies of Managerial Work*"（Technical Report 9, Center for Cre-ative Leadership, May 1978）的这份出色的报告中，McCall, Morrison 和 Hannan 对这种研究方法设计进行了讨论。他们的结论是，"如果管理行为非常重要，那么问卷调查显然不是很好的研究方法……更为合理的是，需要设计多种研究方法来共同研究在总经理日常生活的杂乱活动模式中，综合管理职责（诸如计划）是怎样履行的"（第 44 页）。

4. 一位总经理在我最后一次造访前得到了晋升，而在另外一个案例里，我无法对该总经理的上司进行访谈。

附录 C

1. 将职业群体的平均得分设定在 50 的原因之一，是在此水平上许多等级量表的项目才可能得到负分值。

2. 关于该工具的先前版本，Strong 用 18 年后的数据验证了职业等级量表的预测性价值（E.K.Strong, Jr., *Vocational Interests 18 Years after College*, Minneapolis:University of Minnesota Press, 1955）；McArthur 展示了他们 14 年的预测（McArthur, "Long-Term Validity of the Strong Vocational Interest in Two Subcultures", *Journal of Applied Psychology*（1954）, pp.346-533）。以上这些和其他研究的结果表明，下列论断的正确性在以 3.5 分为普通结果的计分标准下，得分范围从 2 至 1 到 5 至 1 不等。

a. 持续从事职业 X 的人在职业 X 上所得到的兴趣分

值高于其他职业。

b. 持续从事职业 X 的人在职业 X 上所得到的兴趣分值高于从事其他职业的其他人。

c. 持续从事职业 X 的人在职业 X 上所得到的兴趣分值高于那些从 X 职业转行从事其他职业的人。

d. 从职业 X 转行从事职业 Y 的人在转行前在职业 Y 上的兴趣分值高于其他职业，也包括职业 X。

欧洲管理经典 全套精装

欧洲最有影响的管理大师
（奥）弗雷德蒙德·马利克 著

超越极限

如何通过正确的管理方式和良好的自我管理超越
个人极限，敢于去尝试一些看似不可能完成的事。

转变：应对复杂新世界的思维方式

在这个巨变的时代，不学会转变，错将是你的常态，
这个世界将会残酷惩罚不转变的人。

管理成就生活（原书第2版）

写给那些希望做好管理的人、希望过上高品质的生活
的人。不管处在什么职位，人人都要讲管理，
出效率，过好生活。

管理：技艺之精髓

帮助管理者和普通员工更加专业、更有成效地完成
其职业生涯中各种极具挑战性的任务。

战略：应对复杂新世界的导航仪

制定和实施战略的系统工具，
有效帮助组织明确发展方向。

公司策略与公司治理：如何进行自我管理

公司治理的工具箱，
帮助企业创建自我管理的良好生态系统。

正确的公司治理:发挥公司监事会的效率应对复杂情况

基于30年的实践与研究，指导企业避免短期行为，
打造后劲十足的健康企业。